纪念
陈寅恪先生诞生 120 周年

蔡鸿生作品

蔡鸿生 著

读史求识录

DUSHI QIUSHI LU

广东省出版集团
广东人民出版社
·广州·

图书在版编目（CIP）数据

读史求识录/蔡鸿生著. —广州：
广东人民出版社，2010.7
ISBN 978-7-218-06777-3

Ⅰ. ①读… Ⅱ. ①蔡… Ⅲ. ①史学－文集
Ⅳ. ①K0-53

中国版本图书馆 CIP 数据核字（2010）第 096884 号

读 史 求 识 录　　蔡鸿生著　　　　

出 版 人： 金炳亮

责任编辑： 柏　峰
装帧设计： 新角度广告

出版发行 广东人民出版社
地　　址： 广州市大沙头四马路 10 号（邮政编码：510102）
电　　话： (020) 83798714（总编室）
传　　真： (020) 83780199
网　　址： http://www.gdpph.com
经　　销： 广东省出版集团图书发行有限公司（www.gdpgfx.com）
印　　刷： 恒美印务（广州）有限公司
书　　号： ISBN 978-7-218-06777-3
开　　本： 787mm×1092mm　1/16
印　　张： 12　　　　　　　　　**字　数：** 137 千字
版　　次： 2010 年 7 月第 1 版　2010 年 7 月第 1 次印刷
定　　价： 30.00 元

如发现印装质量问题，影响阅读，请与出版社 (020—83795749) 联系调换。
售书热线：(020) 83790604　83791487

目　　录

小　引

　　自1953年跨进历史学的门槛，经过半个多世纪的风风雨雨，读书，教书，也写书，摸爬滚打，书生气倒沾了一些，专家型则还未成型。时至今日，离"家"尚远，只能算是一名跨世纪的历史学徒，沿着前辈的脚印继续向前走，如此而已。

　　读史求识，脱俗求真，是陈寅恪先生的遗教。我虽然不敢淡忘，但践行不得力，成效微乎其微。难当然是难的。自从唐朝人刘知几提出"才、学、识"三字诀，治史的规格就被推上新台阶。到了近代，梁启超在《中国历史研究法补编》中作出更具体的阐释："史识是讲历史家的观察力。做一个史家，需要何种观察力？这种观察力如何养成？观察要锐敏，即所谓'读书得间'。旁人所不能观察的，我可以观察得出来。凡科学上的重大发明，都由于善于观察。"所谓"善"者，意味着看得到，看得深，看得准。历史的洞察力，并非"饱学"的自然结果。读书人中，有知之士摩肩接踵；有识之士，只是凤毛麟角。力是练出来的，历史洞察力必须通过历史研究才能获得。陈寅恪先生关于"在史中求史识"的教导，犹如"在水中学游泳"一样，是平凡的真理，并没有什么玄机。

　　为了加深对"读史求识"的理解，互励共勉，教学相长，近年开设了一门研究生课程"学理与方法"。有中心而无边际，随想随谈，个性化多于规范化。虽属"务虚"之言，但也力求落到实处。现将授课记录整合成本书的上辑；下辑则是与之相关的讲谈和文稿。另附访谈纪要一篇。大体而言，全书有结构而无系统。其中倘有片言只字可供参考，也就不负初衷了。

　　杀青之际，木已成舟。虽下过一番修、补、订的工夫，但不完善处、不确切处、不雅驯处，仍所在多有。自知黔驴技穷，无能为力，就让它以"独木舟"的简陋面貌，到学海中去漂流吧！

2010，春夏之际

上　辑

历史研究要以人为本[*]

今天是冬至。一年之计在于春，一年之成在于冬。今天要讲的题目覆盖面比较大。历史研究是干什么的？有什么用？这是史学研究的根本问题。当别人问起时，作为历史专业的师生，如果不能做出明确的回答，就未免太不专业了。以往总是把历史研究提升到探索社会发展规律的高度，高不可攀，类似套话、门面话，使人感到不着边际。那么，怎样才能把这个问题落到实处？今天讲"历史研究要以人为本"，就是要探讨一下历史学的功能，找个比较朴实的答案。

一、历史的主体是人

世界史，国别史，专门史，凡是史都离不开三点：时、地、人，这是"历史三要素"，缺了任何一个环节都不行。作为历史学科的学生，一般都有这个认识。我们现在要探讨的是：这三者之中，哪一个更重要？

---

* 本文系 2005 年 12 月 22 日"学理与方法"讲课纪要。

时、地、人里面，一定要有人出现才有历史。人未出现，光有时间和空间并不构成历史。宇宙史与社会史是两码事。在国人观念中，历史占有很重要的地位。古代的知识体系，将所有的知识分为经、史、子、集四部，按四部收藏，称其为"四库"，史学列于第二；按甲、乙、丙、丁的顺序排列，史学也称为乙部之学。近代以后，流行"百科"分类法，史学属于百科中的一科，是人类精神财富的一块，是不可或缺的一个知识部门。

常常有人问我："历史有什么用？"可知问者对历史还莫名其妙，还没有在人们心中形成共识，不像医学等学科的价值那样一目了然。

恩格斯说："有了人，就有了历史。"这也是我前面一段话的根据。先有人，再有氏族，最后形成国家。在国家形成之前的历史叫做史前史，有了国家和文字之后的历史叫做文明史。历史跟人的进化和社会的发展紧密联系。

我们总是分门别类地研究历史：民族史、政治史、经济史、法律史、宗教史、文学史，等等。在专研一个领域时，不知不觉就会出现人、事颠倒。比如，研究政治史只注意政治制度而轻视人，研究经济史只注意到土地制度、工商业组织却忽略其中的人。这种研究存在很大的偏向：人不到位，历史的主体就模糊了。

以制度史为例。制度是由人创立、制定和维护的，最后也是由人去破坏的。演变的规律就是新的制度替代旧的制度。陈寅恪《隋唐制度渊源略论稿》最重要的一部分讲礼仪，该章篇幅占了全书的一半。礼仪的载体是世家、士族。如果没人承担礼仪，则"礼"落不到实处。比如在分析河西士族如何捍卫汉魏的礼制，连续引用了二十四个人物传，实例实证。这大概也是陈寅恪著述中用例最多的一处。这二十四个人物是经过仔细遴选的，并不是材料的堆砌，这种研究就是落实到人，以人为本。

以宗教史为例。陈垣《明季滇黔佛教考》，六卷十八篇，讲的全都是僧侣尤其是遗民出家当和尚的事迹。现在的佛教史，喜讲教派、经典、教义、礼仪，陈垣这种"佛门僧事"的逻辑结构，则突出了宗教史的载体。

从"二陈"的代表作可以看出，制度史、宗教史无非是人史的具体表现形式。人既是历史的"主体"，也是历史研究的"主题"。理所当然，历史研究要以人为本。

二、防止非人本倾向

以中外关系史研究为例。整个世界的交往，是由陆到海，再到海陆空的立体化。中外关系史的空间结构，涉及海路、陆路，既有物质舶来品，又有精神舶来品。研究者如果惑于皮相，就容易出现非人本倾向。

1. 见路不见人

只讲路线，考证古地名，置跋山涉水的人于不顾，成了交通史上的盲点。商胡固然是"个体户"，但不能单独行动。在这些道路上活动的是商队，那商队如何组织？不可能群龙无首。商队如何过夜？女性有多少？（可以确定的是女性所占比重很小，是被当做礼物带来的）商队城有什么样的人文景观？这些问题都不清楚，没有留下很多材料。其实任何历史研究都是这样，只要留心去找，日积月累，必有所获。

商队与军队不同，军队有将帅，组织严密，商队是临时凑合而成的。大家各带一批货，主动入伙，组成"商侣"。队伍越走越长，人数一多，就得推举首领（号称"商主"，音译"萨宝"）出来指挥，到了目的地才自行散伙。古代商队风餐露宿，涉及防盗、防兽的问题。商队在野外过夜，通常围成圆圈，首领在中间。正因古人在丝路（其实是"碛路"）上从事诸如此类的活动，我们才对这条路感兴趣，这条路也才有人文意义。见路不见人，实际是忘其根本。

2. 见物不见人

海陆两路输入输出什么商品？对商品结构的复杂性不能低估，对商胡贩客的多样性更不能低估。将交通路线称为"丝绸之路"、"陶瓷之路"，这种象征性的命名，未能反映商路和航路的实质，容易助长见物不见人的研究取向。凡是涉及事物的客观规定性，就要小心翼翼，切不可把人云亦云当做约定俗成。谁和你约定非这样叫不可？明载于史的，仅仅是两个古色古香的路名："通西域道"和"通海夷道"。只注意到引进了什么海外奇珍，外销了什么产品，正是视野狭窄的表现。以广州为例。广州有很多外销的丝、茶、瓷，但广州不是这些商品的产地，究竟是谁把丝、茶、瓷从产地带到广州？立刻引出"广州口岸与腹地商帮的关系"这个重要论题。像这类题目前就很少有人注意。

3. 见神不见人

一部宗教史就是一部造神史。人很奇怪，无中生有地造出神来，进而崇拜它。神从人身上异化出来后反过来统治人。人之所以造神，是因为神对他有用，因此就有这样的理论：功能化的神比人格化的神出现得早；神的面貌和功能是由人赋予的。神的世界是按照人间的模式来创造的，人间有"堂"和"狱"，神界才有"天堂"和"地狱"。阎王派小鬼来抓人，正和人间的官府派衙役抓人一样。虽然宗教后来理论化，甚至神秘化，但宗教的根子毕竟在人间。

宗教研究关注经典的传播、教义和礼仪。关注的人无非两类：教士（僧人）和信徒。他们的关系如何建立？信徒为什么信教？如何信教？他们通过什么渠道与神沟通？用什么语言与神沟通？我认为绝不是通过思想、语言，而是通过心灵去沟通。宗教信仰实际上是一个心灵的问题。宗教信仰无关思想、知识、感情，而在于心灵。宗教传播通常盛于乱世，这是因为乱世动荡，人们更需要心灵的慰藉。宗教史的研究如果见神不见人，必定以"空空如也"告终，有什么意思呢？

三、知人论世是历史学的功能

历史学有什么用？历史学最重要的功能就是知人论世。这里涉及时间的问题，即过去、现在、未来，古代的宗教也早有此说了，如摩尼教的三际论，就是指时间的三个阶段。然而，过去、现在、未来实际是两段加一条线，所谓现在，就是过去衔接未来的一条线。现在立刻就变成了过去，一分钟前发生的事情已经成为历史。而未来之所以叫未来，就是因为它还没有到来，因此大量存在的是过去，重头戏是历史。由于现在立刻就过去，连一分钟的稳定性都没有，所以任何理论不能在现在检验；理论要自圆其说，全部要靠历史作为基础，如马尔萨斯的人口论等。以历史补充现实生活的不足，以大量的历史间接经验补直接经验的不足，通过前人往事来增长我们的见识。当然，理论正确与否，最后是由实践来检验的。现在提出的理论，要由日后、未来的实践去检验，特别是一些带有预见性、假设性的理论。

当代开放改革使中国融入世界体系，政治（联合国）——经济（世贸）——体育（奥运会）都先后融入，与外国的交往越来越多，这就需要回顾古代中西交往的历史。

知人论世，大量涉及历史人物的研究。翻阅开放改革前的旧期刊，可以看到许多研究历史人物的文章，其中包括曹操、武则天、海瑞、洪秀全、武训等等，说明其时对历史人物的研究是很受重视的。当然这些研究多带有浓厚的时代政治色彩，一些观点和方法，已经变成昨日黄花了。但"文化大革命"后，历史人物的研究被边缘化，被忽视，也未必是正常的。其间的原因，并非我们现在所要探讨。

我们所要探讨的是：怎样才能做到知人论世？我认为，首先要避免以下两个倾向：一是别把历史人物理想化；二是别把历史人物现代化。这两个都不好。陈寅恪先生提出要有"了解之同情"。"了解之同情"，并非三言两语可以讲清楚，要设身处地，考虑历史人物的言行所处的环境，形成理性化的而不是情绪化的历史感，不以自己的好恶强加于人。虽然很难做到，但我们要把它作为一个原则来坚持。

知人论世强调理性的历史感，无非是因为今人与古人隔着时间、空间、心理这三重距离；其中，心理的距离特别难以拉近。以 20 世纪 30 年代齐白石纳妾一事为例。齐白石年轻时是一个木匠，后来决定往美术界发展，就独自去北京，把妻儿留在湖南老家。齐夫人担心丈夫在京的起居生活，专门从湖南老家跑到北京，为他物色了一个年轻女子，亲自为齐白石纳妾。以今人的观念来看，这简直不可思议。而这可是发生在七八十年前的事呢，在当时，夫人为丈夫纳妾是符合伦理观念的。提供这样一个事例，就是要证明心理的距离多么难以拉近。至于涉及主张、见解和理念等，那就更加复杂。这里我们略举几个例子。比如，西方文化中代表热烈、爱情的玫瑰，在中国宋代就被文人戏称为"刺客"；我们常听说的"重在参与"，这是一个洋观念，中国人的观念是重在观赏；在西方，决斗是对人的尊严的重视，在中国就绝对行不通，因为中国反对轻生，身体发肤受之于父母；又如现在我们常以"夹道欢迎"形容仪式的隆重，但在古代中国，最隆重的欢迎方式其实是"清道"，要人们肃静回避。诸如此类，举不胜举。可见古今中外观念的差异之巨。

最后可以归结为几句话：我们讲"历史研究要以人为本"，就是说人是主体、人是主题。历史研究要从人出发，向人回归。历史就是"人史"，这一点我们要牢牢记住。历史学的功能就是帮助我们知人论世。"知人"的"人"，包括个体和群体；"论世"的"世"，包括时势和时代。对历史一窍不通，没有间接经验为借鉴，是知不了人，更论不了世的。

史与思 *

　　上个学期，我们选读了王国维、陈寅恪、岑仲勉、陈垣、向达、冯承钧、钱锺书、季羡林等八位前辈学者十来篇有关中外交流的重要论文。我们为此立了个课程名称，叫"中外交流名文研读"。称其为"名文"，在此要作一题解。陶渊明有诗云："奇文共欣赏，疑义相与析。"郭沫若称毛泽东著作为"雄文四卷，为民立极"。我们的课程所选文章别具一格，既不是"奇文"，亦不是"雄文"，因为这些文章皆为著名的学术论文，所以称之为"名文"。下面就我个人学习这些文章的领悟，讲讲历史研究的思维结构，作为上学期名文研读的小结。

　　历史研究的思维结构，多层多面。如果化繁为简，似乎可从基本的程序说起。

---

　　* 2005年上半年，为了让中外关系史的研究生了解20世纪中西会通的学术传统，领会前辈学者的治学眼界，增强学生的理解和分析能力，我们曾以"中外交流名文研读"为题，要求研究生研读下列文章：王国维《西胡考》、《西胡续考》，陈寅恪《四声三问》、《支愍度学说考》，岑仲勉《外蒙于都斤山考》，陈垣《元也里可温教考》、《从教外典籍见明末清初之天主教》，向达《唐代俗讲考》，冯承钧《何满子》，钱锺书《汉译第一首英语诗〈人生颂〉及有关二三事》，季羡林《浮屠与佛》。以上文章由学生独立阅读后，分篇进行课堂讨论，交流学习心得。在完成全部阅读和讨论后，于2005年9月1日新学期伊始作了总结讲话，本文系讲话纪要。

一、程　序

所谓研究，是在观察中思考。作为一个过程，其顺序为何？

第一步是选题，也就是找研究对象。选题可以是"听来的"，即在平日听讲等场合受到启发而拟选的题目；也可以是"检来的"，即通过电脑检索得来的。此二者我们都不提倡。实事求是地说，选题应在学术史中去寻找。只有通过学术史的回顾，才能知道既往研究遗留的问题，包括没有解决，或认识不足以至误解的问题。选择这些问题来研究，才有"拾遗补缺"之功，不致完全重复或部分重复前人的劳动。前辈名家在撰写论文时，未必都有提及既往的研究情况，但这并不意味他们不知道，只是不形诸文字罢了。现在写学位论文，按规定学术史的回顾是不可或缺的，但要注意，是为选题而回顾，不是为回顾而回顾。徒具形式，于事无补。选题来自对学术史的回顾，才是有根之学。

第二步是立意，即要讲什么意思，准备说明什么道理。立意是文章之精神所在。自己要很明确，文章所要表达的核心思想是什么？用以前的话来说，就是要抓到主要矛盾。

第三步是论证。论证要努力做到的总要求是：历史与逻辑的统一，即史与论的统一，有述有论，史论结合。

第四步就是存疑。所谓存疑，就是在论证结束之后，检查问题解决到什么程度，即是否已经将此问题彻底解决，还是按自身学力、条件只能解决到一定程度，还有哪些有待进一步探讨。由于人类的认识是无止境的，因此任何研究实际都带有阶段性，任何成果从长远来看都是半生半熟的，永远不宜称画上句号，不要自以为"真理在我手中结束",而是要在句号之中画一个问号,对课题要有"未了情",研究只是暂告一段落,日后还可推进。

二、视　野

视野,即作为一名研究者,你的眼光究竟要投放到哪里?这是一个学术能见度的问题。历史研究首先是看到一条线,由古到今,从前到后。在研究过程中要注意以下几对关系:

第一,前后:纵向的,西方概念为历时性,即古今。

第二,左右:共时性,横的。时间是同时的,但情况因地而异,也就是不平衡性,比前后更复杂,一般的研究往往以偏概全,简单化,以个别代替一般。要看到共时性,不平衡性,才能看到历史的复杂性,多样性。下面谈苏轼《题西林壁》,再来详细研讨。

第三,表里:形式和内容。要了解内情,尤其是关于历史上的典章制度,朝廷、皇帝颁布的法典、诏令等。但这还只是"表",实际执行如何则需看案例。教育制度也是如此。切不可停留在表面,忽略其实际运作。

第四,动静:动态和静态。这是两种不同的存在状态,不可等量齐观。整个研究除了看到"表里"之外,还要有一个动态的分析,非静态的分析。

三、境　界

这个问题有点玄,不是打几分的问题。所谓"境界",不是等级,不是层次,而是最后得出的结论要有一种"通识",简而言之，"讲得通"。去年已讲过"专门史与通识"，不必再炒冷饭了。

对我们专业来说，要时时谨记中西交通史的研究有"二西"："西域"和"西洋"。要"二西"兼顾，如在做有关西洋的课题时，心中要有西域的情况作前后对比，反之亦然。割断历史的联系，就看不到变迁。

四、阐　释

现从苏东坡的一首诗谈起。北宋元丰七年（1084），苏东坡初次到庐山旅游，写了三首诗，其中一首《题西林壁》，被认为最有哲理性，也最被传诵。诗云：

> 横看成岭侧成峰，远近高低各不同。
>
> 不识庐山真面目，只缘身在此山中。

从字面看，此诗意义不难懂，没有什么用典，不必什么注释，但其中所包含的哲理，却意味深长，对于我们从事历史研究，很有启发意义。

"横看成岭侧成峰，远近高低各不同"，说的是纵横关系；"不识庐山真面目，只缘身在此山中"，说的是内外关系。纵横、内外关系，是历史眼界最基本的两对关系。

究竟什么是历史？历史是在时间和空间中展开的人类活动。所以历史有三个要素：时、地、人。此三要素并非凭空而来，犹如我们常说的，天时、地利、人和，缺一不可。

我们一般多注意"时"，即从古到今；即便是断代，也是从早期到晚期的线性观察。历史随时间发展，属于线性的发展，既是线性的，也就不可回避地要分出阶段。时间的观念包含对阶段的认识，阶段就是分期。对比"文化大革命"前与现在的教科书，可以看到，"文化大革命"前把人类历史分为原始社会、奴隶社会、封建社会、资本主义社会、共产主义社会，一点也不能含糊。按照五个社会形态划分便产生了诸多问题。例如：中国何时进入封建社会？为了回答这个问题，就出现了西周说、魏晋说等等，争论不休。又如：中国的封建社会何时瓦解？于是，就有明末资本主义萌芽的说法等等。"文化大革命"后很多人意识到这种照搬西欧的划分法，与中国实际不符，是削足适履。试看，西欧封建领主曾凌驾于王权之上，而中国从秦开始就一直是中央集权。两者有很大的差距。"文化大革命"后曾流行的划分是：传统与现代，包括近代。近代化以前的历史一概是传统社会，而中国传统社会长达几千年，如此分法，分了等于没分。而今，学科、专业分类不搞五分法，也不搞二分法，而是照中国王朝的更替来划分，即回到 20 世纪 50 年代之前约定俗成的王朝体系。按历史原来的面貌去讲，反而安静了。

纵的观察，就是看历史发展的阶段性，一般是由低到高发展，但不是绝对的；倒退也是有的，这必须通过具体的分析。

横的观察，即是对历史发生的空间的观察，要看到在同一个时期里，各地发展的不平衡性。从哲学意义讲，平衡不过是相对的，不平衡才是绝对的。因此，对于同一历史时段里不同空间，即不同地区发展的不平衡性，某一地区的特殊性，我们更要注意，千万不要流于一般化。

如上所说，历史眼界的第一对关系——纵横关系，也就是时空关系，历时性与共时性、阶段性与不平衡性的关系。

以广州为例。广州作为一个对外贸易港，历史很久远，有的追溯到秦汉时。但无论如何，唐代已设有市舶使，作为常设机构的市舶司，则始立于宋开宝四年（971）。到清代乾隆二十二年（1757），规定对外贸易只在广州，广州遂成为独口通商，鸦片战争签订了《南京条约》，于是又变为五口通商。这是纵的考察，研究广州口岸史时，不可不考虑这一发展过程。但横的方面，现较关注的是与英国、印度巴斯商人的联系；至于与荷兰、瑞典东印度公司的联系，目前关注的不多。

作为横向，不仅有与海外的关系，还有与内地的关系，即国内市场。内外均有联系，口岸才有生命力。垂直研究：从秦汉到清。横向方面，海外国际市场常被提及，但国内市场严重被忽略，甚至广州出口的货物都不知从何地运来（丝，主要是太湖流域；瓷，主要是景德镇；茶，福建武夷山[1]）。广州与内地商帮的关系，目前的研究也未搞清楚，谈不上是完整的"横"的考察。这些横的关系大约可图示如下：

（国际）洋商←（口岸）行商→（国内）商帮

历史学家所处位置是有些"滑稽"的：外行看内行。但从苏东坡的诗来看，则恰恰得身在山外才能见真山。要研究某一行业的历史，恰恰不能由内行人来做，而是要我们这些人。可不是吗？一辈子不拿锄头的人研究农业史，不问政治的人研究政治史，甚至正人君子研究流氓史和青楼史，等等。一部史学史，就是一部外行研究内行的历史。历史学家的位置就是这样独特、奇妙。因为本行业的人"不识庐山真面目"，而外行的人站在客观的位置，不在庐山中，而在庐山外，反而较易得其真相。

陈垣先生《从教外典籍见明末清初之天主教》，指出从教外典籍见明末清初之天主教的六大好处：（1）可补教史之不足；（2）可正教史之偶误；（3）可与教史相参证；（4）可见疑忌者之心理；（5）反对口中得反证；（6）旁观议论可察人言。陈寅恪先生对此文评价很高，认为是金针度人。这篇文章由外观内的考察角度是很值得我们借鉴的。

由外看内的"本钱"是：靠掌握大量丰富的间接经验，形成自己的眼光、洞察力。这一点极其重要，关涉我们的判断准确与否。而间接经验主要来自读书，书要读得多、读得深。如要研究佛教史，则要读大量有关的僧传、经典等，从中获得间接经验，非如此不可。在山外看的，靠的是这种间接经验。同理，研究某一专门史，没有该行业的直接经验，也必须通过读书，补充相应的基本常识，如是才可以研究得更深入，并避免某些"硬伤"。

总之，从苏东坡的诗可以悟出学理：要避免主观、片面性，历史研究一定要坚持整体认识，包括纵横、内外的观察，使思维结构立体化、动态化。这当然要花大力气。做学问应从容、宽容。从容，才可慢慢探讨，从难从严要求自己。宽容，是指对他人；对古人固不宜苛求，对今人也不要苛求。在当今的学术和教学的评估体制下，从容是非常难做到的事。于是有人寻找种种捷径，通过现代技术手段，综合别人的成果而毫无新意。甚至抄袭，改头换面，乔装打扮，招摇过市。这是在学术中玩幻术，即使号称博士也只能算是"术士"了。

注释：

[1] 武夷山下梅村，现为一个很落后的村落，但保留的古建筑很好，尤其是邹氏家祠：大屋顶、各种浮雕、天井都很漂亮。村里有一古街道，现残破，名"古街"，有九百多米长，共有九个码头。这说明在当时此地一定为贸易繁荣之地。当地记载，康熙三年（1664），一个姓邹的人来此地种茶，后发展很好，运销荷兰，陆路至伊犁，远销至俄国。武夷山茶叶经闽江运至广州，每天在下梅村开出的船有三百多艘。

宗教传播史方法论浅议[*]

历史研究必须有坚实的资料基础，这是不说自明的。但资料受制于种种客观因素，即便研究者竭尽全力，也未必能如愿以偿。有时甚至停工待料，徒叹奈何。这是显性的障碍，容易感受的。至于方法论，则属于隐性问题，似乎可有可无，不关痛痒。其实，即使有很丰富的资料，甚至有来自各个方面的第一手资料，包括原始文献、考古发现等等，也未必能取得正确的认识。当前，在研究生撰写论文的过程中，可以说存在着不同程度忽视方法论的倾向。我有点担心，重史（史料）轻法（方法）是会误事的。所以，想以宗教传播史为例，来讨论与方法论相关的若干问题。浅议总比不议好吧。

一、宗教传播属于精神文化的传播

宗教传播是文化传播的一部分，而且是很重要的部分。文化传播大体上分为两大类，即物质文化传播和精神文化传播，物质

＊ 本文系 2005 年 9 月 29 日 "学理与方法" 讲课纪要，辑入本书时，增删较多。

文化属于"器",精神文化属于"道"。二者的传播与接受情况有很大的差异。一般说来,物质的传入较为顺利,人们接受起来也很自然,如劳费尔《中国伊朗编》中所介绍的葡萄、胡桃等物种。但精神文化属于深层次的东西,其传播情况就要复杂得多,如"三夷教",一来就撞上华夷之分、胡汉之别的门槛。胡人传夷教到中国,各有独特的背景:景教是经过唐太宗面试批准的,有官方背景;摩尼教是借回纥之势而来的,有民族背景;祆教的信众以"兴生胡"为基础,则有商业背景。"三夷教"入华的背景不同,命运也不同。随着社会变迁,景教方技化,祆教民俗化,摩尼教异端化。这几点概括性的认识,是比较分析领悟出来的,与信口开河大异其趣。信不信由你!

二、传入中国的八个外来宗教

今天我们主要讨论外来宗教,而不涉及本土宗教和民间信仰的传播。[1]对历史上传入中国的外来宗教,我们可以列一张清单:当今世界三大宗教之基督教、伊斯兰教、佛教;古代"三夷教"之祆教、景教、摩尼教;另外二种为犹太教("一赐乐业"教)和东正教。共八种,我们姑且称其为"八仙过海"。其中,景教和东正教实际是同属基督教的不同门派。元代的基督教又被称为也里可温教。

这八种宗教传入的时间距离很大。佛教最早,公元1世纪就传入。东汉永平四年(67),"白马传经",由西域来到洛阳白马寺。最后传入的是东正教,时为清康熙年间。从公元67年到17世纪末,在约1700年的漫长历史里,八种宗教的传播情况是多种多样的。通俗一点来讲,最体面的是佛教,最不体面的是东正教。前者是骑着白马来的；后者是以战俘的身份开始传教的。史载攻克雅克萨［康熙二十四年（1685）］前的三十多年里，清政府在历次战役中俘获"罗刹"（以哥萨克为主体）一百多人，其中就有随军的神父，这批人被安置于北京，称"俄罗斯佐领"；清政府容许这些战俘保持东正教信仰，拨给庙宇一座，权充教堂，称"罗刹庙"。

三、研究外来宗教传播的方法论

宗教的传播因教而异、因时而异、因地而异，不好去概括出一个统一的模式。比较研究是宗教研究的基础。早在 19 世纪 70 年代，宗教学的奠基人缪勒就明确指出："只懂一种宗教的人，其实什么宗教也不懂。"宗教传播史同样存在着可比性。要注意宗教传播模式的特殊性，不要一般化。这一条当然也属于方法论，对此一般人较容易理解。我着重要讲的是：在研究宗教传播时所要特别注意的两个问题，即传播过程的曲折性、复杂性，还有传播过程中发生的变异。

（一）宗教传播过程中的曲折性和复杂性

1. 直接传播和间接传播。两种传播形式区别很大，涉及是原汁原味还是掺杂了其他东西。例如，佛教的传入经过了中亚地区变成了中亚化的佛教，而不是原本的佛教。这个问题陈寅恪先生早有提示，过去也讲得比较多，大家也有较多认识。

2. 官方和民间（上层和下层）的传播。我们常把官方记载作为传播的时间，但宗教的传播一般应先通过民间的接触和传播，再逐渐影响到上层，进入官方的视野。如天主教先在澳门和广州作一些宣传，官府随后注意到并加以记载。东正教传入俄罗斯史载是公元 988 年，基辅大公弗拉基米尔与拜占庭皇帝联姻，宣布接受东正教，并强令俄罗斯臣民一律领洗。但其实，东正教在东斯拉夫人中早有传播，俄罗斯地区部分贵族及其亲兵也早已受洗。现一般研究多重上层，轻下层，因下层传播的资料难找，往往只能找到一些迹象，少有明确的文献记录。由于外来宗教是先在民间传播，故其传播路线一般是先由边疆再到中原。宗教传播具有曲折性，这种曲折性包括了由边疆到中原，再由中原到边疆，以及从下层到上层，再由上层到下层的过程。

3. 外来宗教的传播并非一次性。对外来宗教的研究，一般只注意初传。实际其传播并非一次性，一蹴而就，一劳永逸，而是通过初传、二传（再传）、三传……慢慢地积累而成。以基督教为例：初传在唐代，自称为景教；二传在元代，被称为也里可温教；三传在明代，称天主教；四传在清代，称耶稣教或洋教。佛教的传播也是如此。鸠摩罗什是著名的《金刚经》的译者，十六国姚秦时期来华，他的译著是经典中的经典，他本人也被尊为"什公"，其事迹见《高僧传》。在"白马传经"后，什公是著名的二传手，在佛教史上占有重要地位。正因为有什公这类"二传手"的帮忙，佛教才能从"白马传经"到最后"征服"中国。

（二）传播过程中的变异问题

外来宗教的变异关系到其能否扎根中国，变异问题最需要我们深入探讨。"变异"的概念是由生物学引入人文科学的，后来在人文研究中大放异彩。它最早由达尔文在其名著《物种起源》中提出。该书第一、二章阐述物种在两种状况（家养和野生）下的变异。就"野生状况下的变异"，他举了鸽子为例。作为一个物种，鸽子极易变异，产生了很多新品种；在我国明代，甚至出现了专门研究鸽子品种的《鸽经》。相比之下，有些物种就不容易变异，比如乌龟。

将"变异"的原理引入历史学，要注意把握它发生的条件。以摩尼教为例，伯希和很早就提出了摩尼教的华化问题，他认为吐鲁番的摩尼教是真正的摩尼教，福建的摩尼教则是华化的摩尼教，他还注意到华化摩尼教的各种异名。宗教的中国化包含了地方化，正是地方化构成了中国化，摩尼教的教义是对现实的否定，声称以明破暗，处处喊打，也处处挨打，政教两界都无法容忍它，这就注定了要变异才能赢得生存，直到变得面目全非。为了保存一切，就得改变一切。这个问题很有研究的前景，要当做重点去探索，注意特殊化，不要一般化，尤其是其出现了一些什么不同的形态，如琐罗亚斯德教的传播就出现多个"版本"。

简要地说，研究宗教传播，要注意过程，注意变异，力求坚持一种通识。"通识"译成口语，即是"全景式的思考"。也就是：不要只看到某一个侧面，某一个片断，而要努力扩大视野。

四、对待方法论的正确态度

没有成法。没有人能发明一个普遍适用的方法。我个人的体会是：学问有定理无定法，至法无法，无法是大法。也就是说：没有固定的方法，达到极致的那一种方法，实际上并无定型，不能按部就班的才是最大的方法。在这样的意义上，甚至可以说，方法论是"无法可论"，这看来是一个悖论。事实上，很多高级的理论都是悖论，如"生命就是走向死亡"。"尽信书不如无书"也是一个悖论。要联系实际，不要死读书。史书记载"白起坑杀

三十万降卒"，活埋那么多人，谈何容易，康熙皇帝就不相信有
这回事。历史上的外来宗教，也不可能一朝一夕就获成群结队的
皈依。宗教信仰是心灵的沟通。"心有灵犀一点通"，不同语言的
人才可以拥有共同的信仰。

我们说没有成法，实际也意味着方法论是只可意会、不可言
传的东西。我们只能在著作中去领会作者的方法。尽管在具体的
分析中，我们也可以抽出几条"筋"，即概括出几条原则来。但
单独的"筋"是没有活力的，要放回到血肉之躯才有生命。著作
是作者现身说法的地方，要从别人的著作中领会方法。不要把别
人抽出来的几条"筋"当成"汤头歌诀"。得法来自求法，要自
己探求才行。看到好的论文，要领会、吸收，与自己的论文相比
较，找到差距所在。读书时，特别是在读那些已有定评的奠基性
和代表性著作，要跟踪作者的思路，体会作者的研究方法，发现
特色，如陈寅恪如何"发覆"，陈垣如何"表微"，钱锺书如何
"打通"，加以学习吸收，运用到自己的实践中，形成自己的方
法。

注释：

[1] 按本土宗教也有一个传播变迁的问题。比如道教是从滨海传至四川；关公信
仰从西北传至沿海；妈祖信仰从福建传到广东等沿海一带。关公本来是在陆上耀武扬
威，南澳的岛民却赋予他抵御海潮的功能。神性的差异，完全是人为的。

专门史与通识[*]

一、"专"与"通"是对立的统一

我们一再强调"专"与"通"的关系，是因为近年来觉得此问题越来越突出。学人观念中"通识"的式微，已经到了见怪不怪的地步了。通识，实质上就是整体观，反映了事物的整体性，这也是事理与学理的共性。观察事物要有一个整体观念，这并非后人凭空想出来，而是事物本身的性质决定的。日常生活中有"牵一发而动全身"的谚语，说的就是这个问题。西方大哲学家黑格尔有句名言："只是在尸体中才有部分。"举个例子来说，如"手"，只有在整体中才能发挥其作为手的功能。书画方面的理论也是如此，苏东坡早已提出"分科而医，医之衰也。占色而画，画之陋也"之说。这表明，东西方的智者都着眼于从整体来讨论部分。

---

* 本文系 2004 年 12 月 20 日 "学理与方法" 的讲课纪要。

二、学术界前辈的教导

其实，有关"专"与"通"的关系，前辈学者曾经多次提示。

陈寅恪先生明确指出："国人治学，罕具通识。"[1]

岑仲勉先生也在《中外史地考证》的序言中谈到："因为每一种科学无不与其他作蛛网式关联，有一点不懂就不能不依赖别人，别人即使是专家，也会犯错的，正所谓'牵一发而全身皆动'了，故依赖的程度能够减至越低越好。记弱冠时朋辈论学，开首便以专哪一经、四史中专哪一史为问，然而刚能独立研究，基础未厚，便即进入专的途径，论求学程序，似乎是躐等的。清代研究家很少能够全面展开，这恐怕是专之过早的毛病吧。试看名学者如王高邮父子、德清俞氏，他们的著作都是兼涉群经，成绩辉煌，相信他们的学习，不是开始便专于一部的，史地也不能例外。"[2]

钱锺书先生《诗可以怨》也持这种观点："人文科学的各个对象彼此系连，交互映发，不但跨越国界，衔接时代，而且贯串着不同的学科。由于人类生命和智力的严峻局限，我们为方便起见，只能把研究领域圈得愈来愈窄，把专门学科分得愈来愈细。此外没有办法。所以，成为某一门学问的专家，虽在主观上是得意的事，而在客观上是不得已的事。"[3]成为专家而有"不得已"之憾，这样的学术自觉，能得几人有！

三、如何才能具备通识？

那么，究竟如何才能具备通识呢？我个人认为，只有将整体观与历史感统一，二者结合才可具通识。

下面拟以安金藏事迹为例来具体说明专门史与通识的关系。2004 年 4 月，为配合"粟特人在中国——历史、考古、语言的新探索"国际学术研讨会，北京图书馆出版了图录《从撒马尔汗到长安——粟特人在中国的文化遗迹》。[4]这本图文并茂的精美图录，展示了我国学者探索粟特文化遗存的业绩，有重要的学术价值。其中有两位学者撰文谈及安金藏事迹。安金藏是武则天时代的一个宫廷乐工。当时，武则天的儿子李旦（即睿宗，玄宗之父）已被指定为接班人，但有传言说他有异谋。武则天于是派御史去查办此事。安金藏作为宫廷乐工挺身而出，在御史前拿刀由胸往下切腹，以表明此传言完全是一个诬告，睿宗绝无谋反之心。有的学者据此认为安金藏切腹为祆教法术，来源于粟特人的刺心剖腹幻法。

此说法能否成立？这个问题如果从专门史角度看已经是很专了。我们不妨先看一下他们得出此结论的思路：

第一环是安金藏之姓"安"，"安"为九姓胡之一姓，来源于布哈拉，故为粟特人。

第二环是粟特人是信祆教的，

第三环是据记载，祆庙中的祆主行西域幻法，用利刀刺腹。

第四环安金藏正是用利刀刺腹，是按祆教法术行事，应算作是粟特人在唐代的文化遗迹之一。

类似的想头，我也有过。半信半疑，最后还是排除了。下面，我们来考虑以下的问题：

1. 既是人之事迹，那就要从"人"（安金藏）谈起，注意其家世及信仰。据唐代资料（《新唐书》卷一百九十一有安金藏传），安金藏为太常工人：太常为一个机构，唐代设有"太常寺"衙门，里面有"太乐署"，主管音乐，养了一批乐工。安金藏即为太常寺太乐署的工人，在有庆典时要负责演出，其演出曲目中有"安国乐"、"龟兹乐"等等，安金藏很可能是负责演奏"安国乐"的。20世纪80年代初，洛阳出土安金藏之父的墓志《唐故陆（六）胡州大首领安君墓志》，[5]上述图录第139页刊出拓片。当中追溯了安氏世系。据志文记载，墓主的曾祖父为达干，祖父为系利，其父缺记，墓主人名菩字萨，其长子为金藏，次子为金刚。达干和系利显然是突厥之名，而菩萨、金藏、金刚则为佛教名，且全为汉译的佛教名。据汤用彤的《佛与菩萨》一文可知，"佛"指已成佛的菩萨，"菩萨"指未成佛的佛。另外，"金藏"指藏经的库房，佛经中形容众生的佛性。"金刚"是金中之刚，金之中最硬最牢最精的那部分（俗语有云："真金不怕红炉火。"即是此意）。可见其已经历突厥化、汉化（通过佛教信仰表现出来）。所以由此家世看不出有任何祆教的痕迹。从家庭与信仰来看，安氏家族寄寓六胡州时已经突厥化、汉化了。

2. 人与事相联系。事即此"案"，不是普通的刑事案件，乃为唐代大案、要案，要由御史台专办，当时控制御史台的是有名的酷吏来俊臣，他成帮结伙，专门罗织罪名害人。而且为了方便制造冤假错案，他还主编了一套指南《告密罗织经》，有几千字，但未留传下来。另外，他还发明了一批很厉害的刑具，并且专设一狱房在长安丽景门，时人因其严酷而称其为"例竟门"，意即照例是要完了的意思。这些事见载于《御史台记》（专记御史台内幕，原书失传，但部分内容见载于《太平广记》，可查《太平广记》卷二百六十七的"来俊臣"条）。由此可见用祆教幻术来蒙混过关是不可能的。且祆教幻术是不保密的，公开的，可参观的，故西域有此幻法，长安不少人都知道。安金藏敢于挺身而出，应是真刀真枪，不可能是胡弄。武则天认为此人忠诚，令御医救治，所以安最终未死。既有御医参与其事，他的伤不可能是假伤，若属幻术，欺君之罪难逃。

3. "例"（旁证），即有无他案可供参照？同时代就有相似的例子，见《太平广记》卷二百六十九的"诬刘如璿恶党"条："……时来俊臣党人，与司刑府史姓樊者不协。诬以反诛之。其子讼冤于朝堂。无敢理者。乃援刀自刳其腹。……"此与安金藏以刀剖腹一模一样，为了鸣冤，不得不这样做。

4. 事后有证。事情过了多年，唐玄宗登基后追思安金藏的忠节，下诏表彰，有《追封安金藏代国公制》，见于《全唐文》。[6]故在此场合，安金藏剖腹表忠，表现的是儒家的"忠"，足见其汉化之深。

以上从人、事、例、证四个方面逐一查证，表明把安金藏剖腹表忠一事定性为粟特人在唐代的文化遗迹是不能成立的。我们可通过此事例来看专门史与通识的关系：研究粟特，是为专门史，而上述四个方面的联系，则属于通识，涉及民族史、法制史、宗教史等等。我们得有整体观，才不会孤立地看问题；要有世代感，看到安氏的突厥化、汉化，才不致单凭一安姓便搭上胡俗，以致出现片面性的判断。

在历史认识的过程中，只有具备了整体感、世代感，才能区分出不同的文化类型。西域幻法为胡俗（粟特），割耳劙面为蕃俗（突厥），剖腹表忠为汉俗（中国），三者不能画等号。故有了通识后反而使专门史的研究得以更专。

四、余　语

历史认识是一个复杂的过程，稍一不慎就会有失误；学术研究是互切互磋，而不是要去做学术"警察"。我们对他人的失误不是要去讥评，而是去理解其为何会得此认识或结论？结论可否成立？又应如何去思考、论证该问题？即使说错了，但有板有眼，也是"错得可爱"。有时虽对，但无思路，人云亦云，也是"对得平庸"。著名南宋词人辛弃疾（稼轩）有一首关于读书的诗："是非得失两茫茫，闲把遗书细较量。掩卷古人堪笑处，起来摩腹步长廊。""堪笑处"即离奇之处，"起来摩腹步长廊"表明一种态度，边散步边思考，理解别人为何有此认识，同时也反思自己曾经有过类似想头。我们读书应抱着辛弃疾这种态度。

专门史一"专"，就常忽略"通"，因此往往会出问题，哪怕用了很多资料、信息，也会出现失误，导致"专而不通"，变成"有条无理"。

20世纪50年代，实行双轨教学：中国通史分上古、中古、近代、现代；世界通史也分上古、中古、近代、现代。但世界近代史的开端界定在17世纪英国资产阶级革命，而中国近代史的开端又定于鸦片战争，已是19世纪中期。相距近两百年，交叉部分讲得不太清楚，让人对世界史和中国史的相互联系等方面产生隔膜。长期以来，只论唯心还是唯物，方法论却被忽略；只讲历史观、世界观，只抓立场，不管方法，认为只要立场对了，观点就对了，就万事大吉了。这个"重观轻法"的后遗症，阴魂未散，短期内是难以消除的。

现在办大学，似乎是管理学凌驾于教育学，此倾向不可不加以注意。本来，十年树木，百年树人，是教育学的基本原理。如今，用管理学培养人，就必定要量化，要立竿见影，尽快见到成果，要追求产量，看表面成绩。考试作弊，已是司空见惯。至于教师科研或教学成果的弄虚作假，也已见怪不怪了。科学研究，本来就是探索未知领域，既然是未知，当然也就无从预期何时能完成，但现在却热衷于限时限刻结项，逼得半成品冒充成品，一般成品冒充精品。呜呼哀哉！衡量科研的成绩，绝不是看他发表多少篇或多少字的文章，而是看他在哪些方面、哪个问题取得哪些进展。先"得寸"，后"进尺"，步调就不会乱了。

专门史研究，从发展的角度，选题的口径自然是越来越窄。但个人的知识不可只局限于自己研究的范围。教育部也大力提倡要"拓宽知识面，学科交叉"，但并非仅凭一个口号就能实现目标，更不可将其简单化为一个课程设置，以为多开一些课程即可达到。加法不等于乘法，三加三得六，三乘三得九，是不是？"老九"要"与时俱进"，就要及时调整知识结构，力求融会贯通，活到老学到老。

注释：

［1］陈寅恪：《敦煌劫余录序》，收入《金明馆丛稿二编》，北京，三联书店，2001年，页266。

［2］岑仲勉：《中外史地考证·序》，北京，中华书局，1962年，页8—9。

［3］钱锺书：《诗可以怨》，收入《七缀集》，北京，三联书店，2002年，页129—130。

［4］《从撒马尔汗到长安——粟特人在中国的文化遗迹》，北京图书馆出版社，2004年。

［5］该墓志于1981年在洛阳龙门东山北麓出土，参见《唐故陆（六）胡州大首领安君墓志》，载《中原文物》1982年第3期。六胡州为唐代突厥化的胡人聚落。

［6］《全唐文》卷二十三，北京，中华书局影印本，1982年，页270。

"粟特人在中国"的再研讨[*]

我们今天学习、讨论的书是 2004 年 4 月在北京举行的"粟特人在中国——历史、考古、语言的新探索"国际研讨会的论文集。我们系有六位师生参加了此次会议。三位教师出席，三位研究生列席。会议除了研讨会，还有展览会，而且出了图录和论文集。我们学习、认识和消化这部论文集，可以说是对一个研讨会的再研讨。北京的研讨会花费不少，我们今天是"一文不花"，但不等于"一毛不拔"，因为还是花了不少时间和精力去阅读会议的论文和查阅相关的资料的。

"粟特人在中国"研讨会的特色

照个人体会，此次会议的特色起码有以下三点：第一，一个很明显的特色就是中外结合，法国、日本、英国、德国等国家的洋学者都来参加，是真正的国际研讨会，彼此展开交流，各扬所长，中外互补。第二，从专业上，是历史和考古的结合。考古发

---

* 本文系 2006 年 4 月 5 日"学理与方法"课的讲课记录。

现主要是虞弘墓、安伽墓、史君墓、康业墓等。第三，研讨会和展览会结合。会议还出版了图录《从撒马尔汗到长安——粟特人在中国的文化遗迹》。

对这次研讨会，大前提是肯定的。中外学者济济一堂，探讨了不少带有前沿意义的课题，推进了唐代胡汉关系的研究，标志着国际"粟特学"发展的新阶段。遗憾的是俄罗斯学者未参加，尤其是里夫什茨，他主要是研究粟特文书的；斯米尔诺娃，她主要是研究粟特钱币，不是就钱币研究钱币，而是将发现的钱币与中国史书的粟特王统相对照；马尔沙克，主要是研究粟特壁画。这些人没来，我个人觉得有些遗憾。

有关粟特史的一些概念必须明确化

就会议所发表的文章与当前该学术领域的研究，看来一些有关的概念尚不够清晰，甚至比较模糊，有必要加以澄清、界定、明确化。对粟特的历史和文化，我至今仍处于质疑问路的阶段，语种欠缺，孤陋寡闻，是远远谈不上洞若观火、了然于心的。下面主要提出四点，供大家考虑。

（一）粟特不等于九姓胡

有些人将二者画等号，甚至划得更远，与中亚划在一起。粟特在哪里呢？在中亚两河流域（锡尔河、阿姆河），那密河之上，而九姓胡中的康、安、曹、石、米、何、史七姓是在粟特地区，另外两姓，即火寻、穆，则在阿姆河之外，所以粟特是粟特，九姓胡是九姓胡，九姓包了粟特，粟特包不了九姓。粟特地区也不能等同中亚地区：中亚，包括土库曼斯坦、乌兹别克斯坦、塔吉克斯坦、吉尔吉斯斯坦、哈萨克斯坦、阿塞拜疆、阿富汗、蒙古人民共和国等，一共八个国家，其中乌兹别克斯坦经济最发达，哈萨克斯坦面积最大。中国的新疆和西藏不算进中亚，粟特地区主要位于现在的乌兹别克斯坦及部分塔吉克斯坦。所以第一个需要明确的是：什么是粟特，什么是九姓胡，什么是中亚。

（二）祆教不等于琐罗亚斯德教

琐罗亚斯德教，中国文献上称祆教，一般说法可以这么叫，因没有一个对应的称呼。但是二者是有差别的，目前认识所及，至少有下面三条：

1. 神谱。琐罗亚斯德教，最大的神叫阿胡拉·马兹达，主神是天神，还有六个辅神辅助它，故可以说，琐罗亚斯德教基本上是一神教。祆教不一样，有拜琐罗亚斯德教的神，也吸收了印度早期的神，如四条手臂的娜娜（Nana）神，起源于西亚两河流域，从贵霜进中亚。在中亚，还有一些本地的神。所以祆教是多神教，与波斯的琐罗亚斯德教是有区别的。

2. 形象。琐罗亚斯德教不搞偶像崇拜，但祆教从出土文物看，起码有两种偶：木偶、陶偶。从偶像来看，一种搞偶像崇拜，一种不搞。

3. 葬仪。琐罗亚斯德教是天葬，让鸟兽处理尸体，有尸台。祆教，则是在死尸自然风化后，将遗骨放到骨瓮里。

也许还有其他差别，但从以上三条看，祆教显然不完全是琐罗亚斯德教。祆教源于琐罗亚斯德教，但不等于，不能画等号。

（三）胡姓不等于胡人

从现有的一些文章看，有些作者显然是一看到胡姓就认为是胡人,一看到粟特姓就认为是粟特人。我以前也不太清楚,现在比较明确,无非学了陈寅恪先生的论著。"人"必须"五胡"俱全才算"胡人"。五"胡"指什么东西呢?胡姓、胡名、胡貌、胡俗、胡气(气味)。这些散见于陈先生的著作,我只是将其收集归纳而已。但胡人进入中国后,便从"五胡"俱全变为残缺不全了。随着同化的加深,"五胡"中的"四胡",即名、貌、俗、气,逐渐消失;唯独"姓"化不掉。"胡人"入华后,从五胡俱全,到残缺不全,最后消失要经过若干个世代,也许祖父是个胡人,到了孙子就不是了。故我们要掌握两个原则:第一个,"五胡"的原则;第二个,世代的原则。所以,此书虽名为《粟特人在中国》,实际应是"粟特裔在中国",因为其间举例的所谓粟特人,实际多为"土生胡",即入华粟特人的后裔,历经若干世代,只剩下胡姓。而这种所谓胡姓,也不外是"以国为姓"的华化胡姓而已。

(四)住户不等于聚落

有些胡人在那里住,并不等于就在那里形成聚落。讲起来似乎聚落分布地很广,我们对"聚落"一词应有个明确的认识,且不只是去查《辞海》,还要看唐朝人的讲法、用例。唐朝和尚慧琳编的《一切经音义》,是读佛经的词典,里面讲"小乡曰聚;落,居也"。后来辽代和尚希麟又编《续一切经音义》,说"小乡曰聚,蕃篱曰落";也就是相当于现在的自然村,这是字面的解释。还要看用例。唐朝人如何实际运用?敦煌抄本讲到康国大首领来华,"胡人随之,因成聚落"。胡人跟着他们的大首领来到这里,才形成一个聚落,这里所言的胡人当然不是零星若干人,而是成批而来。

一些平常比较模糊的东西，通过学习、研讨，变得明确起来，这样才可以逐步形成共识。"粟特"一名，首见于十六国时期前秦建元三年（367）的《邓太尉祠碑》。中国的粟特研究，有悠久传统。回顾学术史是完全必要的，但不是列书目。形象点说，在学术史的回顾中，点灯的是谁？即开创的是谁？谁添油？谁加醋？即谁发展，谁介入后加醋，醋是水，灯一加水以后就发出怪声。但做后辈的，不是说只能添油，也可以点灯。因为学术是一棵树，不是一条光棍，需很多人来点灯，成为灯树。学术就是一棵灯树，你有能力，大可点灯。

就会议的一些论文存在的问题看，还不是一个选题的问题，而是一个学术取向的问题。这个会议似乎有一个倾向：将中国文献的记载和出土文物称为粟特人在中国的文化遗迹。严格地说，粟特人的遗迹应是指入华粟特人所带来留下的东西，后来被发现的。现在能够见到的文书和墓葬，未必就是粟特人留下的粟特物。按墓志记述的世系和随葬品的形制，显然是一种华化的形态，不是原汁原味的粟特东西。对这一变异华化，是要特别注意的。如论文集中提到的房子，中亚的房子上面是平顶式的，中国的房子则是"人"字坡，不是平顶式的。另外，论文集提到的组合式屏风，也是中原特有的。将这些华化的东西当成粟特人带来的遗迹，是否合适，是可以斟酌的。

把前面的话归纳起来，要旨是这样的：从"五胡"俱全到残缺不全，物跟人一块变。把它看成是文化遗迹还是看成华化形态，实际是两种学术取向。

二十世纪二三十年代以来，陈垣写了《元西域人华化考》，冯承钧写了《唐代华化番胡考》，向达也有《长安西域人之华化》的专论。"华化"一词，不是我杜撰出来的，是前辈学者研究提出来的。现常讲一个与国际接轨的问题。接轨是指不能与国外研究脱节。但我们有像陈垣、冯承钧和向达这些传统，所以不要为了与国际接轨，而与自己的传统脱轨。从华化的角度去考察，路子会越走越宽；若局限于从文化遗迹的角度去立论，路子会越走越窄。各人有各人的取向，"各有灵苗各自探"，至于谁探出的东西近乎真谛，日后自会证明。最后，似乎应该点明题意：我们对"粟特人在中国"再研讨，是直抒己见，和而不同，与"渔梁渡头争渡喧"是大异其趣的。

关于知、识、文的联系和区别[*]

今天我带着一张卡片来讲，这有点返老还童的意思。"文化大革命"以前，也就是 40 多年以前，还在我青年时代，我讲课常常是带着卡片就去讲的。是不是那个时候马虎呢？不是的。那个年头，关于教学的方式，是可以多样化的。你带着一叠讲稿去念也可以，你带着几张卡片就去讲也可以。但是有一条，要小心，讲错了是要挨批的。至于你是拿讲稿还是拿卡片，没有人理会的。我那个时候就常常拿卡片，现在也来再现一次吧。今天讲的题目是《知、识、文的联系和区别》。

关于这个问题，讲起来容易无边无际，所以选了三句古话为纲。这三句话是这样的："为学日益，为道日损，为文日老。""为学日益，为道日损"这两句出自《老子》第四十八章；"为文日老"这一句的原话是"通会之际，人书俱老"，是从另外一本书借用过来的，那本书是讲书法理论的，叫《书谱》，是唐朝人孙过庭的著作。就这三句话，先就字面的意思说一说，这个"益"字，就是"增益"的意思，只要肯读书学习，知识就会一

---

* 本文据 2006 年 6 月 14 日在"学理与方法"课上的讲话录音整理。

天天增长。"为道日损"的"损"字，就是"减损"的意思；"为道"意思是探讨规律性的东西，凡是规律性的东西，你越探讨就必定越精炼，变得越来越少。"为文日老"这个"老"就是"成熟"的意思，写文章越写越老练。字面意思解释完了，下面就按照这个顺序，一句一句说一说。

关于"为学日益"，古代的学者深有体会。他们有个讲法叫做"学如积薪"，"薪水"的"薪"，指木柴；"学如积薪"就是做学问像叠柴一样，慢慢叠，日积月累，从下面叠上去，慢慢叠高。但是做学问的这个叠法，并不是单纯在量上的增长，反正你不能上半年读到下半年，今年读到明年，以为那样天天读学问就会增长。没有那么简单。就好像两只脚在动，可以是前进，也可以是踏步，你说是不是？区别就在这里。随着时间推移，读的书也越来越多，知识总量在增加，这不在话下。

所谓"为学日益"，增益的表现首先是在知识总量。同时，也表现在知识门类的增加。这一点我们尤要注意，就是你知道的不止是某一行、某一个专业的知识，相关专业、相关领域的知识你也要增长。这一条也是很要紧的。否则，就如整天吃饱饭，吃的都是主粮，那样养分还不够的，吃了大米，还要吃面，吃一些其他的杂粮，还要吃蔬菜瓜果、肉类鱼虾等等，这样营养才能充分全面。所以，单纯注意知识总量的增加还不够，还要重视知识门类的增加：这一点常常被忽略。门类的增加意味着什么呢？就是你的知识结构在调整、在充实。就我们这个历史学来讲，它本身就有一个中外古今的问题。先不谈专业外的，就是专业内，也有个中外古今。但是，我们现在常常讲，知古不知今，知中不知外；或者反过来，知外不知中，知今不知古。这样就是知识不全面。专业之外，还有邻近学科，就是我们听惯了的文史哲。我以前讲过：历史思维就是理论思维和形象思维的统一。如果搞历史的人，忽略了"哲"，忽略了"文"，历史思维的局限性就很大。但是"哲"和"文"的书这么多，该怎么选择呢？我以前提倡大家读"小红"。听过的同学应该记忆犹新，这个"小"，就是黑格尔的哲学著作《小逻辑》，"红"就是《红楼梦》。我认为，假如你觉得专业以外的书太多，那就尽量缩小，缩到一样一本好不好？那就已经是少到无可再少了。黑格尔的《小逻辑》、曹雪芹的《红楼梦》，这些都是世界著名的古典著作。如果这两本书我们花点力气去读，哪怕只懂三成都不要紧。三成比零好嘛，对不对？读了以后，对促进我们的形象思维、理论思维必定有帮助，而最后落实到提高你的历史思维。

这个意思就是讲到知识总量时，还要注意到知识门类。所谓知识门类，也就是我们常讲的知识结构。但是不管是总量也好，门类也好，终归是个量的问题，还没有牵涉对量的突破，没有牵涉由量到质的转化。只是量的增长，容易出现什么东西呢？就是"熟"，你越搞越"熟"嘛。当然，"熟"比"生"好。你很生疏，里面都认不到几个字，那属于文盲、半文盲状态。我们现在讲的是，单是熟还不够。因为里面一个很要害的问题是：熟是不能创新的。你们可能立刻就联想到一句话，不是说"熟能生巧"吗？你可要知道，是叫"熟能生巧"，里面包含着"巧"的可能性，但不是"熟必生巧"。假如熟必生巧那就好办了，我们搞"熟"就行了，一定会"巧"的嘛。它不是的。"熟"包含着"巧"的可能性，但是并没有必然性。要从"熟"到"巧"，得由量进入质。这就碰到我们要讲的第二句话"为道日损"的问题。因为不单停留在"为学"，还要"为道"嘛。

"为道日损"，是指我们的整个认识要一步一步地减损，即一步一步地提炼，一步一步地条理化，一步一步地核心化。搞到很集中，要不，就不会"损"啦。所以，我们要注意从熟悉到达真知这个距离。刚才讲到《小逻辑》，它的作者黑格尔提出过一个非常著名的学理，正好与我们这门"学理与方法"课对上号了。他说"熟知非真知"。这个著名学理，并不是在《小逻辑》里面讲的，而是出自他的另一本书《精神现象学》。"熟知非真知"这个学理的意思就是：你很熟悉，习以为常的那一种东西，还不是真理性的东西。这些话听起来比较抽象，我们得举个事例说明。譬如说，我们常常会接触到的，什么叫"生"？就是生死的"生"。通常讲，"生就是成长"。人也是这样，生出来后，一天一天长大，生就是成长嘛。这个是我们所熟知的，简直成了老生常谈了。但说生就是成长，是不是真知呢？那就未必了。假如你把它看做是真知，那你试试，继续推理，不断地成长，无止境地成长，岂非就会通向永生、不死，是不是？所以，"生就是成长"这样一个说法，作为一个熟知，貌似有理，实际并非真知。那真知该怎么讲呢？这个也是西方的智慧：生就是走向死亡——生就是朝死亡不断的逼近，一天一天靠近死亡。那个靠近死亡的过程就叫"生"。把它再简化，就叫做"向死而生"。我们每天固然在生长，但在前头等待我们的是死亡。向死而生，这个就是真知了。世上万物，包括人在内，只要生出来，它就要死。所以"生就是成长"不过是一个熟知，比不上"生就是逼近死亡"那一个真知。这一类的事例很多，我们举一反三，就可以明白"熟"和"真"的联系与区别。"熟"就是老生常谈，熟视无睹，习以为常，这类东西叫"熟"，所以这个"熟"，必定就是"俗"，是不是？很"熟"的东西就是"俗"。著名的语言学家赵元任，他也是清华四大导师之一，与陈寅恪先生是同事。陈先生的口语，不会是讲得很标准的那一种普通话，但是他认同陈寅恪的一个讲法，就是"熟就是俗"。我们想像一下，shóu 就是 sú，不知道讲什么东西。实际上写成文字就一目了然："熟就是俗"。他自己那句很出名的话，就是我们永芳堂楼下大厅那块语录牌："士之读书治学，盖将以脱心志于俗谛之桎梏，真理因得以发扬。"[1]将这25个字浓缩，就是陈寅恪主张的"脱俗求真"四字。所以，你不要小看楼下那个语录牌，那个简直就是"系训"啊。校有校训，系有系训，一进永芳堂的大门就看到这个东西。"脱俗求真"，跟我们刚才引用的黑格尔的话"熟知非真知"，意思是一致的。你要求真，就得从很熟的情况下走出来，这个就是古话所说的"由生而熟，由熟而生"。开始时我们是个生手，不懂的时候我们去学，学了以后就熟了。但是熟并没有创造性。你当个工匠，手艺很熟，然而你还得由熟变生，然后才能求到真，这一条是极其要紧的。由很熟悉的东西通向另外一个领域——变生。实际上两个东西都不容易，但是后面这个特别难。由生变熟，由生手变熟手，你想嘛，你要经过多久的努力。当你成为一个熟手以后，便很容易守成，很容易习以为常；这个时候就得提高一步，又得由熟变生。由熟变生这一层次，没有那么容易的。举一个比较通俗的例子吧。现在常常听到一些青年人讲："给你一个惊喜。"很多年轻人都喜欢这句话。这大概是从电影或境外的一些节目中学来的。这样一种说法，其实有它的一个理论背景，他们恐怕就不知道了。这里涉及西方一个很著名的艺术理论，叫做"陌生化效应"。这个理论原出俄罗斯，兴起后往西欧传播，变得十分流行，尤其是在戏剧界、电影界产生了很大的影响。通过陌生化效应，才能让你意料不到，才能成为"惊喜"。如果你很熟悉，那怎么会惊喜呢？不会的。要把熟悉的东西陌生化，一旦陌生化以后，就好像是第一次看到。我第一次见到你，就很惊喜了嘛。道理就是这样。还有另外一句话，刚才讲《红楼梦》，那就举《红楼梦》的一个例子吧。林黛玉是怎样去北京的？在苏州坐船，沿着运河北上，然后才到北京，那就是从运河那里来了一个林妹妹，这个不会使人家惊喜的；但说成是"天上掉下个林妹妹"，这个就是惊喜啦。陌生化是要通向创新的，那就要舍去老生常谈，舍去习以为常的老套。通过陌生化后，这个"道"才可能逐步减损。比如说，我们了解佛教的知识，同样是"为学"。为学日益，关于佛教的知识，通过读这三类书：佛经，僧传（《高僧传》、《续高僧传》、《宋高僧传》等），还有一类是教史。大概是读这三类。读了之后，关于佛的知识，自然就越来越增长；但是还没有"损"，你得慢慢"损"它。"损"到什么程度呢？"损"到最后剩下一个字那就够了，这个字是什么？佛就是"心"。佛存在于自己的心。"损"之前，佛在你"身外"，你之外才有佛，是不是？现在，佛是在你"心中"。身外与心中，这个差别简直太大了。为什么去拜佛呢？因为你把佛看作身外物，所以才去拜它。但"损"得最彻底的是"佛就在我心中"，禅宗最早达到这个认识。所以，禅宗又叫"佛心宗"。佛就是心，你要把心灵上的污染排除干净，最后剩下来的就是佛性。禅宗就这么一回事，所以很讲究修养，而不是光在那里念经，念得很熟，"熟就是俗"，并没有通向佛门那个真知。"佛就在我心中"，用现在流行的话，就是剩下我的心与佛在对话。最虔诚的信徒，就是用心来与佛对话；跟你头发梳得很漂亮、西装革履没关系。只有用心灵来跟佛对话，才能达到那个境界。我举这些事例，也不知道讲明白了没有，但是力求说明一下《老子》第四十八章这两句话，就是"为学日益，为道日损"，因为这直接牵涉知识和认识的关系。

接下来就是这第三句"为文日老"。照字面，"老"解释为"成熟"。但实际上，它真正的含义不止是这样。所谓"老"，即是"无心而达"。就是不刻意追求，很自然的，水到渠成的，炉火纯青的，瓜熟蒂落的，那一种状态就叫"老"；而不是衰老那一种"老"。所以，最好的文章是最自然的文章，不是最华丽的文章。有些人的文章写得很华丽，虽然也有这么一格，但不是最高规格的。最高的一格，即最好的文章，是很自然的。你们大概在中学或大学，曾听过这么一句话："文章本天成，妙手偶得之。"（陆游：《文章》）文章早就做好在那里啦，问题是你是不是妙手，有没有拿到。这个说法当然比较玄，但它说明一个什么问题呢？就是最好的文章，实际上是最自然的，是天工，不是人工。这是我们立的一个共同的目标，大家来努力。实际上，"万丈高楼平地起"，要达到这个"为文日老"，得老老实实甘当小学生，从小学学起。有一句话大家大概也听过："读书先识字。"这一句话，我记得是唐代的韩愈最早提出的；到了清初，顾炎武又再强调这个"读书先识字"；而陈寅恪先生在清华的时候，也是强调"读书先识字"的基本功，现在看起来，这个问题仍是很值得我们重视的，值得我们遵行的。

先从识字讲起吧，中国的字可不简单，因为它是象形的方块字，一个字里面包含"形、音、义"，你先要辨认字形。我们现在还得分清简体、繁体，也就是简形和繁形；在以前，还有古体、俗体（异体）之分。大家走进中大校园的时候，看到小礼堂后立着孙中山先生题写的十字校训："博学、审问、慎思、明辨、笃行"。这十个字来自"四书"中的第二本《中庸》，所以，中山先生是以古训来做校训。第七个字，是"明辨"的"明"。本来日月为明，但孙先生写成目月为"明"。这个字，我原来也不太理会，直到前年，因为校庆，我自作多情，杞人忧天，担心海内外来人不少，如果突然有一天给谁揪到，说："孙中山先生是不是写错字啦？为什么日月为明，他写成目月为'明'？"你得有个解释。所以2004年的时候，我便去查这个字，发现在唐朝的《大秦景教流行中国碑》中，有写目月为"明"的；但单查碑体上的字还不够，因为孙中山是手写的，你还得知道手写有没有目月为"明"的，没有还是不能算数的。好，后来再查，果然查到了。出在哪里呢？出在《郑板桥家书》，郑板桥的家书就有孙中山这种写法，把"明"字的"日"字边写成"目"。所以，首先，我们得搞清字形，究竟是俗体、古体、繁体、简体，要搞清楚。

第二个就是"音"。汉字好多是同字异音的，就是可以有不同的读法。比如说这个"解"字，如果用在姓，读 xiè。这个"覃"，读 tán，作姓要读 qín。还有一个大家更熟悉的，"费"，本来作姓要读bì 费孝通（bì xiào tōng）。我小时候，听人还是读 bì 的，但如今大家都通俗化了，读 fèi，如果还仍读 bì 的话，反而听起来不顺耳。汉字的音，不完全是一字一音。这是第二个要注意的。

第三个就是"义"，这更复杂了。我常常讲，测量文化程度有个土办法，就是看对一个字能讲出多少种"义"。一般来讲，对外语单词，假如能够讲到它的第三义、第四义，那已说明你了解得相当多了；但是作为母语来讲，这是不够的，你要充分掌握它的多义性。以最近媒体在炒的"魅力水手"为例。水手两个字不去理它，我们单讲这个"魅"字。"魅"这个字是"鬼"字边的，"鬼魅"嘛！但"魅力"是形容一种好的风度，一种好的状态，说"这个人很有魅力"，绝对不是贬义，而是褒义。那怎么用这个"魅"字呢？它这里是通假，通这个"媚"字。这个字从宋代以后，就不太好听，"狐媚、妖媚"。但在古代，这个字是形容女性一种很美好的状态，绝对是正面的。如果不是正面的，那个白居易就不敢在《长恨歌》里讲杨贵妃"回眸一笑百媚生"了。如果那时候"媚"是"狐媚、妖媚"的意思，岂不是在嘲笑皇帝？但是，对这个"媚"，单从字面上理解，我觉得还没有到位，还得看看一些美学理论家怎么样给这个字下定义。著名的美学家朱光潜，这个朱老，大家是应该知道的，朱光潜怎样解释这个"媚"字呢？他说所谓"媚"，就是"流动的美"。哎呀，他这么一解释，这个字就活起来了。静态美并不美，方块美也不美，唯有曲线美才美嘛。这个美是流动的美。这个流动的美，又可找什么来印证呢？摇头摆脑不是流动的美。大家读《西厢记》，崔莺莺与张生第一次见面，要走的时候，她"临去秋波那一转"，那双眼睛，那个目光啊，动了一下，那个就是啦，就叫流动的美。所以这个"媚"呢，与泥菩萨、木美人毫无关系。美不等于媚，媚是流动的美。不过，流动的美这个概念，不是朱光潜自己想出来的，而是出自18世纪德国著名的美学家莱辛的美学著作《拉奥孔》。

这个是顺带扯开说的。反正我们讲读书先识字，第一个环节就是要辨认字的形、音、义。但是那些字还没有组合，你一个字一个字去学，还不够的。所以，第二个环节就到了造句。咱们从小的时候就是这样啦，识了字以后，就要学造句。造句里面有各种词的搭配，搭配恰当，句子才通。这个大家都知道，不在话下。还有一个很重要的问题，就是句型的转换，这个我们常常忽略。假如你句型没有转换，都是那个样子，很单调，很死板，那样也不行。会造句子以后，把一个个句子连成一篇，也就是作文。

讲到作文，就不止是词法、句法的问题，还牵涉章法。讲到章法，就与我们诸位要写学位论文更有直接关系了，作文要讲究章法。这个章法，用前人的话来讲，叫"布局谋篇"。就是一篇文章，总体结构怎样？中心在哪里？什么东西是主要的？什么东西是配合的？这些就是布局谋篇。会作文以后，再来著书。我们现在这些人，著书似乎太早了。古人大概是中年以后，甚至到老的时候才著书，因为那时也受印刷条件的限制，老的时候退休，从官场那里退休回乡，然后再来撰刻一本书。那时代的人，著书一般都是中年后的事。识字、造句、作文、著书，这是一个历程。如果不是一级一级上去，而搞三级跳，即便侥幸跳得上去，往往也会掉下来，得个后遗症，很麻烦。识字、造句、作文、著书，是循序渐进的过程。从讲究形、音、义，到讲究句法、句型，讲究章法；到著书时，讲究的是最高的一法，叫什么呢？最高一法叫"笔法"。那个是可意会不可言传的东西，我们有时在书上也看到，说这个是"史家笔法"，是不是？什么叫"史家笔法"？像这种东西要领会，可得更费时间精力了。到了准备著书立说时，这个笔法究竟怎么样去掌握？褒贬轻重，微言大义，有比较隐晦的，有比较明显的，里面好多种名堂，很值得我们去注意。大家进入大学以后，学专业知识；至于写作、表达这些事情，已经不太去提了。由于不太提，所以它的重要性就容易被忽略，以为不在话下。实际上问题很多。我们现在趁这个机会，把这个问题突出来讲，主要是要引起大家的重视，使我们的学位论文，从内容到形式能更好地结合起来。近代学者、翻译家严复，提出一个标准，叫"信、达、雅"。本来是针对译文提出来的。但我认为，对于论文，这三个字也是完全适用的。第一个字是"信"，信就是可靠、准确，这个是头条。假如"信"这一条没有达到，弄虚作假，怎么"雅"都没用的。第二个字就是"达"，达就是通达，要表达得很通顺。第三个字才是"雅"。能够在信、达的基础上，写得更美，更动人，这当然是很好的；但"雅"相对来说，毕竟是较为次要的。首先是要准确、通顺，立足于准确、可靠，然后再讲究文采。"为文日老"，最后归结到信、达、雅的问题，里面也还是有轻重之分的，最基本的要"信"。假如弄虚作假，全靠包装，装个雅样，那不过是迷惑人。

我刚才讲的以三句话为纲，三句话的解释就到这里。最后还是归结到学习的问题。尽管我们这里只是提出标准，而且是高标准。"为学日益，为道日损，为文日老"，在座诸位离老还远，但提出"为文日老"，那是个奋斗目标。千里之行，始于足下。我们现在还在学，所以从学开始，又要归结到学。要不，引向"太空"就不好。关于学的问题，最要紧的是在学习的过程中要有取有舍，不能全盘照搬。正如唐诗所说："十分学七要抛三，各有灵苗各自探。"这里讲到学习，反对全盘照搬，而且给我们定了一个比例关系，即学七抛三。大头还是学的，七成；但是不能都包下来，要舍去三成。所以，我说古人的智商非常高，早就提出"三七开"这个比例。为什么抛三？"各有灵苗各自探"，各人的灵性、能力不一样，但是都要去探讨。这一条适合我们看古人，看洋人，看老师，看同辈，都是这样。

首先是要学习，要学什么东西呢？"天下几人学杜甫，谁得其皮与其骨。"这是苏东坡的诗，他的发问是有针对性的。大家知道，苏东坡是北宋人，中间隔了个五代，前面就是唐朝。到了北宋，很多人已经把杜诗作为样板学习，苏东坡感慨当时学杜之风。皮是毛皮，骨是气骨，也就是实质性的东西。天下那么多人在学杜甫，但究竟哪些人学了他的毛皮，哪些人学了他的气骨？

这个区别是极其要紧的。这也跟中国另外一个概念一样，是学其神？还是学其貌？苏东坡这个意思是说，学杜甫要学其神，因为一个人如果学其貌，就容易装腔作势。这是在学习的时候一个非常关键的问题。除了前面那一句"三七开"，还有一句，是学其皮？还是学其骨？因为我们也常常会提到，对老前辈，尤其对陈寅恪，怎么学？就像刚才提到的，咱永芳堂进门就是陈寅恪那条语录。平常讲我们有什么学术传统，怎么学呢？"十分学七要抛三"，落实到这个问题上你该怎么理解？另外是皮和骨的问题。搞不好，将来就会变成挂在我们嘴边的一个符号，这个符号姓陈名寅恪。《红楼梦》里面有一个贾府清客姓詹名光，实际上就是"沾光"。陈寅恪不是可以给我们沾光的，我们要有个实事求是的态度，陈先生终归是那个时代的人，他的学问也是那个时代的产物，我们到了 21 世纪再来学他的时候，该如何考虑，"抛三"那个不说，"学七"要学什么，在七分里面，最要注意的就是要学其骨，不要学其皮。

这一席话，从讲学开始，然后讲到"知"，讲到"识"，讲到"文"，最后又归结到"学"，所以刚才这一席话实际上是划了一个圆圈，圆圈就是句号，我既然把句号都划了，我的话也就完了。就讲这么多。

附对提问的解答

认识要提炼，那个过程很难，搞了大半辈子，才感受到"知易识难"。最高的标准是"识"，所以中国很歌颂的是有识之士，不是"有知之士"。"有知之士"很多，但"有识之士"则如凤毛麟角。

"益"和"损"的问题，一般"益"比较容易觉察到，"损"就不太容易。已故数学家华罗庚，讲过学数学也有一个把书由薄读厚，由厚读薄的问题。也就是"益"和"损"的关系。会"益"还得会"损"，但只是"损"则不行，会陷于空谈。两个是相联系的。不可能有"识"而没有"知"，但如果仅仅满足于"知"，停留在"知"上，就永远无法提高。

通向创新之路的是由"熟"到"生"。停留在"熟"那里是永远不会创新的。黑格尔为什么讲"熟知非真知"呢？在你"熟"的情况下，你认识的出发点和你的归宿点是固定的，整个认识只是在面上游动，跳不出这个圈圈，深入不到底层，在这种老生常谈、非常熟悉的情况下，从出发点游动到归宿点，又再回去，不会创新，因为它没有办法突破，没法找到新的出发点。不断地重复，还不成老生常谈？

春秋笔法，微言大义，这些只是一种笔法，且受到当时书写工具、条件的限制，刻竹简，文字必须高度提炼，刻上去必是精炼的，才省事且易保存，现在的论著，量是越来越容易达到，但质却未有机制来保障。

"述"与"作"，现在的界线很模糊的。以前把著书看得很重，而且过去信息不发达，人际关系不很密切，难免重复劳动。著者若觉察到在自己之前已经有人讲过类似的观点，即便刻了版也会删掉，觉得不需要保存。那一种风气、传统与现在不一样。当今没有这种古风，只要不抄你的就行了。你发表你的，我发表我的，如果大家的观点相同，那叫"英雄所见略同"。古人是有同即删，只要你在我前面。所以古人把那一点精神产品看得很高尚。对知识、前辈、传统，存有一种敬畏之心，十分尊重。

有人认为，现在的一些论文不像历史，是史论，缺乏叙事技巧和叙事智慧。通常是挑一个人、一种制度，或一个事件，然后就来评，变成史论。我也觉得是这样的，大量是史论，不是历史，结果很难讲出一个长时段的历史给人家听。讲不清楚，一讲起来就缺少环节。不见系统性，只见跳跃性。这一类事情值得我们注意，因为历史和史论不一样。

真知必定有新意，新意中有没有真知，这是关键所在。否则只是标新立异，新而不真，有什么用！我们要"唯真是从"。

对古人、洋人都要学习，不可缺一。但不能食古不化，也不要食洋不化。

18世纪的文学家袁枚，也是个美食家，在他的《随园食单》里，把学问与吃饭拿来比较：说读书如吃饭，会吃长筋骨，不会吃则长赘肉。这是很恰当的。我们吃了以后要会消化，会吸收。

平常写文章时要多问问自己：我这样写分寸掌握得怎样？因为分寸感是最难掌握的一个东西，增一分则太长，减一分则太短。我们常讲两个字"量、质"，但没有注意第三个字"度"。"度"即"分寸、火候"，实际上关系更大。"质"、"量"都有，但就是差一点"度"。高明的厨师就是善于看火候，烹调就是由最有经验、水平最高的人来掌握火候，掌握这个分寸和度。读书也好，写文章也好，一定要注意法度，力求有法有度。苏东坡的名言"出新意于法度之中"，应当成为我们的格言。

林悟殊教授的讲评

今天，听蔡老师这一席话，我的感受是：蔡老师把近几年来的一些讲话，包括他已发表的一些文章中所倡导的理念，加以综合，理论化、哲学化，用理论、哲理的模式总结下来。"为学日益，为道日损"，是叫我们不断学习，不断进步，还要深入思考，也就是蔡老师经常告诫我们的，要加强思维力度。不会思，则出不了新，缺乏自己的独家见解。

蔡老师最初只计划讲"为学日益，为道日损"两句，后来又补上了第三句"为文日老"，而且为这一句花了半个钟头。讲这第三句，实际上是为我们补上一堂语文课，这是有感而发的。这段时间，蔡老师评审了好多论文，发现一些作者的表述能力实在不敢恭维，母语基本训练存在严重的缺陷，对这个问题是到了非正视不可的时候了，本来写文章的基本训练，不是研究生阶段而是中小学阶段的任务，最多是到了大学本科语文补一补。今天特别对在座研究生和青年教师补上这一课，因为不是个别人的问题，也不是今天才发现的问题，但以往一直没有得到重视。问题产生的原因当然很多，但至少与中学的应试教育有关，与教育的失误有关。我以往也读过一些博士论文和一些年轻学者的文章，经常发现其中表述的毛病，发现不少基本的语文错误。我们这代人，不要说国学训练，就连母语的基本训练，也是普遍不足的。好多人已是博士、副教授，甚至教授了，我们写文章，人家对其中论点或资料可能提出商榷，但对语法修辞的错误，对表述的不清晰，人家未必就好意思来指正。这样，存在的缺点不足，如果不自觉去改进，也许就要伴随终生了。让我们共勉，自觉地注意"为文"这个问题，及时补课，不负蔡老师的期望。

最后，让我们再次谢谢蔡老师！

注释：

[1] 陈寅恪《清华大学王观堂先生纪念碑铭》，《金明馆丛稿二编》，上海古籍出版社，1980，页 218。

中国学术三名著[*]

一、个人漫谈

今天要讲的内容，不过是一次学术清谈，聊一聊而已。清谈，实际上就是务虚。我们现在"虚"搞得太少，一讲起来就是"实"——叫你去读什么书，做什么作业，完成一篇什么论文。这些当然是必要的，但单是这样并不够，还得有务虚。大家都知道，跟"虚"相对的是"实"。在汉语里，"虚"有多种搭配，容易跟另外的字眼混为一谈。"虚"、"无"、"亡"、"空"，这些常常联系在一块，但是我们得分出它们之间的差别。打个比方：你们新学年重新安排宿舍，原来住那个宿舍的人搬走，这个宿舍就是"空"的，但不是"无"的，是不是？"虚"对"实"，"无"当然是对"有"。这个"亡"对什么呢，对"存"嘛；"空"对什么呢？这个大家清楚啦，对"色"，"色"是一种物质现象。这里两排八个字，需加以区别。我的清谈只是要讲这个"虚"字。所谓

* 本文据 2006 年 3 月 15 日在"学理与方法"课上的讲话录音整理。

务虚，完全是个人漫谈，但也限定边际，就是讲中国学术的三名著。这也是我自己想的，并不是在什么场合经过评审，评出这三部名著。大家知道，中国人选东西喜欢选到"三"为止。比如说，体育比赛有冠军、亚军、季军，科举殿试有状元、榜眼、探花。所以我自己想，假如选学术著作，开太长的书单不好，若选到30部，那就不可收拾了。我也就学这样，取数为"三"，限定选三本学术著作，我会选哪三本？钱锺书的《管锥编》、陈寅恪的《柳如是别传》、沈从文的《中国古代服饰研究》。这三本书都是在20世纪80年代初，即拨乱反正后几年陆续出版的。出版后在国外轰动的程度好像比我们国内更大。国外有人评论道：经过十年的内乱、浩劫，中国学术界还出现这样的巨著，是中国文化极其深厚的一种表现。也就是说，中国文化是摧残不了的，经过"十二级台风"之后，还会开花结果。人家既然讲得这么重，我们也得领会领会。

现在从钱锺书的《管锥编》说起，先讲一讲作者和书名。

钱锺书先生，是20世纪末去世的。他叫"钱锺书"，一些人总是要把他的"锺"字写成"钟"，他的太太杨绛先生曾特别出来澄清，说不要给钱锺书改名。钱锺书的"锺"是"锺情"的"锺"，不是"时钟"的"钟"。大家知道，中国宗族有按谱派起名字的习惯，一辈一字。钱锺书他这一辈，名字都有个"锺"字。中国还有一种民俗，一直到20世纪都还在流行，就是小孩在一周岁的时候，要拿一些东西给他抓，叫"抓周"。东西一般有糖果，有玩具，有书，等等。钱锺书一周岁时，家长也要他"抓周"，抓到手的是一本书。他爸爸和祖父很高兴，说这孩子是个读书种子，所以就给他命名为"锺书"，上一辈人跟我们不一样，有名还有字。一般先有名再取字，到老的时候，还有取一个

"号"的。钱锺书十周岁的时候，他爸爸就给他取一个字，叫"默存"，出自《易经》："默而成之，不言而信，存乎德行"。"不言而信"，就是说，不用讲都有信用。于是，就取了"默存"这两个字。他这个字，很有意思，有点像洋话，因为西方谚语就有"沉默是金"，认为"默"才是好的。叽叽喳喳，像麻雀一样，并非好事。沉默，默而后存，你静静的，没事。叽叽喳喳，反而易惹麻烦！钱锺书这人是很有风趣的。因为这名字是上辈取的，等到他年纪大的时候，他的签名就把"默存"签成"黑犬才子"。现在三联书店出版的那一套《钱锺书集》，封面是钱锺书的签字，签的就是"默存"二字，但是你去细看的时候，就是"黑犬才子"。

关于人名就讲到这里，那这个《管锥编》是什么意思呢？一是以管窥天，另一个就是以锥测地。就是说，天高地厚，我才用这很小的工具去看，天地万物非常丰富，我现在能做到的只是用一支管来看天，用一把锥来钻地，表示他是很谦虚的。《管锥编》博大精深，出版以后，学术界好评如潮，文艺理论界当然也给予很高评价，称这部《管锥编》是"文化上的一座昆仑山"，简称为"文化昆仑"。《管锥编》是钱先生读中国十部书的笔记。现在看到的，是他根据笔记整理而后排印出来的，他的原始笔记在他身后才出版。这部原始笔记叫做《容安馆札记》，在座知道这本书的恐怕不多。要读《容安馆札记》得用放大镜。不然就看不清楚。因为它里面重叠很多，有毛笔的，有钢笔的，有铅笔的；而且凡是有空白的地方，差不多都填满字，所以不容易阅读。这《容安馆札记》共三本，十六开精装，太厚了，我没有拿来。如果在这里让大家看一下，翻一翻就知道，钱锺书是下过死功夫的。比较起来，我自己觉得很惭愧。钱锺书本来就是读书种子，那么聪明，但还做了那么多的笔记。而且还不断地增补。看了《容安馆札记》，才知道钱锺书为什么会成为钱锺书。

《管锥编》属于笔记体，一条一条，有长有短，全是文言。原来并没有提要，后来拿到出版社，有一个很权威的编辑周振甫，才给他写了提要。周振甫是钱锺书爸爸的学生，关系很深。笔记体的东西，与文集不一样，实际上就是一种串联式的论述，就是"一串"，像北京的糖葫芦，或者是乌鲁木齐的烤羊肉串。为什么他这样做呢？因为他为整本《管锥编》立的宗旨，就是打通中西。所以，从头到尾，就是将中国文化与西方文化串起来，中国文化一头，扑面而来的是文史哲、儒释道这些东西，然后串过那一头呢，是希腊、罗马古典文化，直到文艺复兴，到18、19世纪。现在知道，钱锺书起码懂四种外语，英、法、德，还有意大利语。其中，英法是听说读写"四会"的。所以他能读的书很多，这都反映在他的著述里。他那种串联式的写法，也许前面一点你读懂了，后面一点却不懂。也许中文那里你懂了，但到外文那里又不懂。所以，很难读。钱锺书自觉采用笔记体，他曾说过："学术这种东西，经过时间的淘汰，最后那个体系就瓦解了，被新的体系所代替，能够留下的，有长远的价值的，是其中的若干个具体论证。"所以他绝不去写一本什么《文艺学原理》、《比较文学概论》之类的书，只是一条条讲，功夫深，很厉害。大家有兴趣的话，可以选读《管锥编》第三册里面的一节，叫做《圆喻之多义》。里面讲"圆"啊、"轮"啊、"珠"啊、"转"啊、"旋"啊，等等，是它正面的含义。反面的含义又是什么？里面提到"油炒枇杷核"这一歇后语。你们吃过枇杷都知道，枇杷核再用油来炒，就非常圆滑了。钱锺书说"圆"，言人所未言，又深又透。读者好像被灵光照射，豁然开朗。这部巨著，蕴含着丰富的学理与方法，难读，耐读，浅尝是不识其味的。

接着是讲陈寅恪先生的《柳如是别传》。这本书是他晚年著作，也是幸存的遗稿。我说《柳如是别传》是陈寅恪学术生涯中最后一朵玫瑰。玫瑰当然是有刺的。他宣称《柳如是别传》是自己的"心史"，不像我们讲的，是个专著。只是讲专著，还没有"吃"到深处。陈先生自己有一句诗："欲将心事寄闲言。""心事"寄在"闲言"里面，就是他的心史。那他所谓的闲言指什么呢？闲言就是题材本身，讲柳如是与钱牧斋的恋爱婚姻史。柳如是是江南才女，跟陈圆圆是同时代人。大家也都知道《聊斋志异》。《聊斋志异》里面有很多狐女，"狐"啊，狐狸精。陈寅恪说柳如是就是《聊斋志异》里面狐女的现实化。狐女在生活中的原型，就是柳如是这一类江南才女。陈先生在这部书里面有很多寄托，可以说是陈寅恪著作中最难读的一部。最难读，因为他解释中又有解释，古典里面又有今典，绕来绕去，有耐心读完的人不多。除了在知识方面我们有好多欠缺外，还有他那一种论证方法，一般人都格格不入。上中下三册七十多万字，读起来犹如泰山压顶。好多人都知道《柳如是别传》，但真正和它接触的可能只是少数人。这部书是在他晚年眼睛瞎了以后，用十年的时间来写的，差不多是把他最后的生命倾注在《柳如是别传》这部书上。从50年代写到60年代，那样辛辛苦苦，写这样一部心史，为的是什么？由于陈寅恪本人没有交底，读者只好各人自己去领会，因此就有了各种各样的猜测。有一些人说，哎，陈寅恪太可惜啦，如果就他所研究的魏晋南北朝继续去写，不是更上一层楼吗？何必另起一个炉灶，来写明清之际江南社会那一批遗民集团的事。言下之意，无非认为呕心沥血"颂红妆"是大可不必的。

众说纷纭，究竟应当如何理解？我认为，与其猜测，不如求证。陈先生十年心血的汇聚点，其实是"表彰我民族独立之精神，自由之思想"（见《柳如是别传》的《缘起》）。绵里藏针，自有其针对性。从字里行间可以看出，这部书是为"居今日历世变之君子"而写的。"世变"二字，最重要。用我们现在的话来讲，就是社会变迁、政治变革；就是说，为那些经历过政治变革、社会变迁的人来写这本书。因为只有在变迁和变革中，各人激起的反应才会有很大的差别。平常看起来，个个差不多，只有来了几通暴风雨之后，才显示出你这个人的气质。是慌张，还是镇定？很不一样啊！平常看不到的，在世变中才看得到。书中讲到这样一件事，明朝灭亡的时候，柳如是劝钱牧斋："你应该死，你死才会成名，你死我陪你死。"就是说要敢于牺牲。钱在明朝是做大官的。那个时候要死，不像现在有那么多高楼可以跳，通常用"自沉"的办法，就是投水而死。当钱牧斋把脚伸到池里时，说太冷。太冷就不敢死了。结果，钱牧斋归顺清朝，清朝也安给他一个虚职。于是激起整个舆论界的讽刺，说钱是"两朝领袖"。这个"领"。这个"袖"，两朝就是明朝和清朝，"两朝领袖"，就是嘲笑他是个不倒翁嘛，明朝时你吃得开，到清朝时你也吃得开。所以，从气质来讲，钱牧斋比不上柳如是。虽然就出身而论，柳是低贱的；但从品格来讲，柳是高尚的。所谓"身为下贱，心比天高"，就是她这样的人。陈寅恪把这本书当做他的心史，还有一个旁证，就是柳有一首很出名的词叫《金明池·咏寒柳》。晚年陈寅恪整理他的著作，就是用柳如是这一首词的名称，作为他著作的书名和他书斋的名称。你们看陈寅恪的那个论文集，就叫《金明馆丛稿》，另外一本文集叫《寒柳堂集》。"寒柳堂"和"金明馆"，是不是啊？那是陈先生的故居。

如果大家想欣赏一下《柳如是别传》的某些部分，可以看第一册的第三章，其中对《金明池·咏寒柳》这首词，有很详细的分析，大概七八页纸，不多，不妨看一看。尤其要领会那句"春日酿成秋日雨"，包含着什么"暗伤"。

接着要讲的是沈从文这本《中国古代服饰研究》。钱锺书《管锥编》的特色是中西打通，陈寅恪《柳如是别传》是知人论世；而沈从文这部书是以物证史，以传世文物来证明历史，它的特点就在于此。

沈从文家乡是湖南凤凰。他自学成材，从青年时代开始，创作乡土题材的文学作品，写得很好，在国内外影响很大。1988年，沈从文进入诺贝尔文学奖的终审名单，终审就是说不会变的了，只是等宣布而已。可不凑巧，他恰在这一年去世，终年86岁。因为诺贝尔奖是颁给活人的，得主如果死了，就不予颁发。沈从文就是差那么一点点，再捱半年就不一样。沈从文这个人，最早是从军，后来从文，再后来从学（学术）。他在大学教过小说创作，而且门第很高，在清华大学。清华抗战时搬到昆明，与北大、南开组成西南联大。这里有一件很有意思的事情，是什么呢？清华时代的中文系系主任刘叔雅，也就是刘文典，有一年新生入学考试，刘去请陈寅恪出国文试题，陈寅恪出的试题是写一篇短文跟一个对子。短文的题名是"梦游清华园"。你还没有来清华园，但是你可以梦，可以设想一下清华园是怎么样的。至于那个对子，上题是"孙行者"，他想要人家对什么呢？对"胡适之"。"孙"对"胡"，"行"对"适"；"者"对"之"，之乎者也，虚字对虚字，很工整。钱锺书也是清华人，1933年毕业，很调皮，说"我也会作对，我家乡有一道名菜叫'东坡肉'，可以对一个国名叫'西班牙'"。掌故不可多扯，还是回归沈从文吧。20世纪50年代后，沈从文完全封笔，不再搞创作，就在故宫博物院整理文物。他自己讲：我当个解说员，讲解那些文物，在故宫搞了几十年，接触过的、经手的文物，有十万八万件。就在这个基础上，小说家变文物家，撰成文化史巨著《中国古代服饰研究》，1981年在香港商务印书馆出了第一版。书出版时，犹如石破天惊，轰动海内外。举一个例子就够了。又是作家又是学者的叶圣陶，当时年纪已经很大了，拿着放大镜读其中一小部分，其他部分叫儿子念给他听。

沈从文可以说是作家学者化的典型。以物证史，补缺，发覆，纠谬，对历代服饰研究，作出了前无古人的贡献。但在该书的"引言"中，沈从文却自称是"一个探路打前站小卒"。他这本著作有很多创见，如果大家想要欣赏一下，就可以看这本书的第七十二节《唐著半臂妇女》。"半臂"是女服饰，又称"半袖"，很短的，就是现在我们在唐俑或壁画里所看到的。那种东西究竟是怎么一回事，看沈从文这一部分就可得其解了。

上面讲的三部书都是80年代才出，也就是晚年结下的硕果，晚年能够写这样的著作，说明什么问题呢？说明他们后劲很足，毅力极强，不然完成不了。像陈寅恪，眼睛已瞎了；沈从文，血压也非常高；钱锺书则困居斗室，冷冷清清。但是呢，他们晚年"放"的这些"卫星"却是惊人的。

前面讲的这些，希望能启发我们注意前辈的卓越成就，得来不易。做学问，就是从事精神生产，劳动强度很大，没有基本功是搞不出名堂的。关于练功，我觉得现在的问题很大，不止是说在学的人有这个问题，像我这种已经出来工作多年的人，也总觉得在练功这个问题上，缺陷太多。有时候注意练外功，但却缺乏练内功。戏曲界有一句谚语，叫"外练筋骨皮，内练一口气"。最注意练功的，一是戏曲，一是国术，即功夫。其他各行各业也讲练功，不过是借用他们的概念。练功的时候要区分外功和内功。就我们的专业来说，照我个人的理解，外功可以讲是练"学"。内功呢，就是练"识"。在现代汉语里面，"学"和"识"是搭配在一块，一般没有很明确地分别去强调，平常说这个人有学识。"外练筋骨皮"，我们要练"学"；"内练一口气"，就是要练"识"，提高那个"识"，"识"，是很难搞的。"识"，看起来弹性很大。"学"，这东西明显，容易看到。好像一门课一门课修，一本书一本书读，只要在学，知识就一天天增长，这是看得到的。因此，外功练"筋骨皮"，看得到，摸得着。内功那个"一口气"，就是"识"的部分，可不易检验，拿不准。以前我多次讲过，我们的知识天天在增长，并不等于我们的认识也在一天天提高。有时，半年、一年过去了，回顾在这个领域的认识有没有提高，可能就没有。但是知识，我今年多读了几本书，我的知识就多增长一些。

就我们历史专业，诸如历史理论、中外史实、古文、外文啊，这些都属于外练。"内练"指什么东西呢？用陈先生的概念来讲，就是要有"通识"。不止是"识"，而且是"通识"。所谓"通识"，假如译成现代概念，也许就是要有"历史感"，要有"全景式的历史思维"，不是抽象地、孤立地来讲一件事情。但是，历史感这种东西，我们还得考虑一下可操作性。怎样来训练历史感？就我个人的领会，"历史感"就是要把"历史过程化"。你们自己也可以想想，说会不会把一件事物过程化？从它的萌芽状态看到它的衰亡状态，这个就是过程。一个制度也好，一个民族也好，一种风俗也好，你从它的萌芽状态看到它的衰亡状态，就是把它过程化。这是要训练的，不是突然就能达到这种水平。这里可举一个例子。王国维在讲清代学术变化的时候，就是把它过程化。他那几句话是这么讲的："国初之学大，乾嘉之学精，道咸以降之学新。"概括出清代学术的三变，是由"大"到"精"再到"新"，这就是过程化。

我们平常在学习、研究，看起来要注意这一方面的训练。除了外部的，还要注意内部的。最后决定高低的还是"内"，也就是戏曲界里讲的"一口气"。你身段很好，服装很好，气不够，唱起来上气接不着下气，也达不到高度。那"一口气"平常若缺乏训练，到出台就走声、变调了，那立刻就要砸锅的。所以我们既要考虑"学"的方面，"识"的那一方面也绝对不能忽略。整个练功意味着什么东西呢？意味着要优化、强化自身的知识结构。优化还不够，还得强化。这是我的一些体会，供大家参考。

> 中国传统文化最强调的是良师，而不是大师、名师。

在座多是历史专业的学生，将来也许有人会去当历史教师；而我们这些已是历史教师的，专吃这碗饭，但究竟什么叫"历史教师"，怎样才算是"历史教师"？这个问题，平常我们是不求甚解、含含糊糊的。现在有这样一种现象，报纸也好，网上也好，电视也好，"名师"、"大师"满天飞；经常听到，张三、李四是大师，某处要启动名师工程，好像名师、大师可以在车间成批生产一样。对这些论调，在大的场合，我不愿意去议论；在这个清谈的场合，可以说，我是觉得既刺眼又刺耳。"名"和"大"，中国传统文化里最重要的不是这两个字，而是这个字，"良"！不要忘记。良，良师益友，这个大家背得滚瓜烂熟。中国传统文化强调"良"，而且不只是在师的问题上强调，各行各业都强调"良"，你信不信？除了良师，还有良医、良将、良相；好药叫"良药"；好的老百姓叫"良民"，只是抗日战争被日本仔搞臭了，"良民证"把"良民"变了味。

在中国传统文化里面，与良民相对的是"刁民"。"刁"是有破坏性的。所以说，"良"才是我们要提倡的。现代汉语中，一讲到"良"字，就是跟"善"字挂钩，好像不在话下了。如果从这个角度去理解啊，就太偏了。这个"良"字，不是指善良，而是指良好，好，不单指善。良师，不是说你是不会做坏事的老师，难道有凶师吗？杀人放火，没有的。如果照这样的标准，个个都是良师，不在话下的。现在热衷宣传的是"大"和"名"；而我自己的看法是这样，最本质的东西要讲"良"。不管你"大"还是"名"，你先给我搞好，这个是最要紧的。要务实。对现在的大师风、名师风，我们很难认同。良工、良将，历史上讲得很多，良药苦口，良师益友，现在慢慢被忘了嘛。什么都喜欢搞"名"，搞"大"，各式各样的提法扑面而来，我们自己得有辨识的能力。

> 历史就是人史，教师就是教思。

另外一点，关于"历史教师"的含义，以前讲过什么是"历史"，今天再把教师的意义补进去就完了。上一次讲，"历史就是人史"，历史研究要以人为本，因为历史是人创造，不以人为本是不行的，所以，"历史就是人史"，不是别的东西，不是神史，不是物史，是人史。紧紧抓住人，讲制度也是要讲到人那里去的，讲宗教也要讲到人那里去的，讲文学也要讲到人那里去。讲历史的教师又是什么呢？"教师就是教思"，教你思考。我自己曾经"发梦"，假如在这两个问题能达成共识，我们就会出现更辉煌的局面。要是搞五花八门，整天送教上门，端各种菜，信息、资料、书目啊，端给你，这样算是个什么教师呢？教师是要引导学生去思考，不是提供信息，是启动思维。启动思维是最要紧的。以后大家在工作实践里面再慢慢领会吧。我吃"历史教师饭"几十年，到现在已经是要放下饭碗的时候，这就算是我的心得吧。历史教师是怎么一回事？"历史就是人史，教师就是教思"。这个听起来有点可怜，你泡了几十年，就这一点心得？是呀，心得不外两句话："历史就是人史，教师就是教思。"这些话仅供参考。学术清谈嘛，无拘无束，假如要把这一席话变成一篇文章，我就要再推敲了。

二、答听者问

有关沈从文先生，刚才讲到他差点得诺贝尔奖。他晚年到社科院做一个资深的研究员。给他什么待遇呢？由胡耀邦定他正部级研究员的待遇。84 岁得到这个待遇，86 岁去世，正部级享受两年。可惜诺贝尔奖快到手又不可得。他死了以后，遗骨葬在家乡凤凰，凤凰的那个墓的造型，跟陈寅恪在庐山那个墓的造型一样，都是用石头垒的。为什么会这样呢？因为设计者是同一个人，这个人叫黄永玉。黄永玉是沈从文的表侄。陈寅恪那个墓是用 12 块石头垒的，庐山特产的石头。黄永玉设计，墓碑也是他题的字："独立之精神，自由之思想，后学湘人黄永玉敬书。"凤凰沈从文的墓，也是黄永玉题的，是沈从文的一句话，就是"战士不死于沙场，就归葬故乡"。我所讲的三名著，并非我们写什么学位论文或教学要直接参考的，但是很值得我们去鉴赏。了解前辈是怎么做出这些东西的，这个才是要紧的。最近，大家也都知道，正式提出建设创新型国家。创新型国家是由各行各业的创新来组成的。各行各业没有创新，国家又怎么会创新呢？包括我们所从事的，也要想办法创新。但是要创新，离不开要强化专业能力，要不，创不出来。所以，沈也好，钱也好，陈也好，这三个人都有其创获，从旧学中出新知。"新"字是最难得的。我常常讲，学者有学问的大把，没有学问他成不了学者，但是有这个"新"字的人很少。有学问不等于有魅力，像他们这三个人，都很有魅力。

有关这三个人都有各种小道消息在社会上、在学术界流传。沈从文的书法也很好。但沈从文这个人，有个怪脾气，他的文章没写完，只半成品的时候，谁都不能够看，连他的太太也不让看。"我不愿以半成品示人"，在别人面前亮相的，不能够是半成品，跟他们比较起来，我总觉得自己太懒。

再说钱锺书的《容安馆札记》，我们根本不能做那样的笔记。钱锺书 17 岁就会代他爸爸（钱基博）为人写序，这个还是后来才知道真相的。因为他爸爸那时是一个很出名的教授，好多人请他写序。钱基博当然对他这个读书种子的儿子心中有数，认为他足以代笔，但署名还是署钱基博的。后来在清华，那些事情大家也知道，钱锺书年轻的时候也比较狂，说"我要横扫清华"。所谓"横扫清华"，扫的是书。清华有好多藏书，他要横扫一次。果然，他在清华读了很多书，当时的清华有两个学生齐名，一位是钱锺书，一位是咱们的广东老乡，他就是张荫麟，东莞人。钱锺书和张荫麟，同时在清华。有一次吴宓请客，讲："我这两个学生，一个是南能，一个是北秀。"南的当然是这个张荫麟，说他是南宗的慧能大和尚。钱锺书是北秀，就是北宗的神秀。吴宓最赏识且最寄以希望的就是这两个学生。但寿命呢，张荫麟是 37 岁，钱锺书是 88 岁，少了他 51 年。我说张荫麟如果有这样的寿命，他那一块蛋糕不知道要发到多大？多少人看好他的。吴宓不在话下，陈寅恪也看好他，认为这个人的才华了不得。但这个人，1942 年就死了，到现在，一般人都不知道他究竟是怎一回事。实际上，他当年是跟钱锺书齐名的。虽然同样出名，但有名还得有命。写《海瑞罢官》的吴晗，是张的朋友，也很佩服他，曾说："这个人有一个怪脾气，到我房间，我桌面上的稿子摆在那里，他自动给你修改，还说'你不用请我，觉得不好的，我就给你改了'。"西南联大在昆明时盖简易宿舍，当时宿舍的设计图纸是由建筑学家梁思成夫妇画的，第一次图样被否定了，因为造价太高，后来只能采用一个更朴素的，所以，西南联大的宿舍都造得非常简陋。硬件就这样，但老师、学生的素质，是软件，很高。正是因为这样，1945年抗日战争一结束，西南联大的学生到美国去，立刻就能和国际接轨。杨振宁、李政道这两位是代表人物，1945年从昆明去美国，到五几年，两个小伙子就获诺贝尔奖。所以，刚才讲的也同样是这个问题：外功是硬件，内功是软件；硬件要有，软件更要有。不要信拜物教，尤其是我们从事人文学科研究的，更不能一味迷信硬件，说我们没有研究经费怎么研究啊？你没有研究经费就不能研究吗？反过来，有研究经费就能出成果吗？也不见得吧。

这三位前辈学者之所以有魅力，因为本身有一种气质。气质是很难得的。我讲的气质，包括要沉得住气，在很危急的时候，要有定力，钱锺书就很有定力。我们刚才讲了他的学问，没有讲到他跟《毛选》的关系。他是《毛选》英文版的编辑组的成员，后来又是《毛泽东诗词》英译者之一，关系很深。"文化大革命"的时候，他受冲击挂牌，若是一般人，在这种情况下一定要捞救命稻草。"雄文四卷"，红宝书，都参译过，但他没有亮这个牌。"文化大革命"期间，有洋人来访问，江青发帖请钱锺书出席陪宴，他却托病不去。所以我说，像这种气质就很难。学者就是学者，不用沾那个东西的光。刚才讲到魅力是来自一种气质。你，没有那个气质，怎么会有魅力呢？是不是？像那种东西，就不是普通的人会有的。我以前在报纸上，看到有个大学在办大师班，我偷偷在笑，这是搞个啥呢？有本事办班来培养大师，这简直白日做梦，骗三岁小孩。

学者最难得的气质：甘于寂寞

你们想想，这三位先生都是高龄才去世的。陈先生算是短了，也有79岁，沈从文86岁，钱锺书88岁。1949年以后，这三个人的学问都边缘化了，不是处在主流位置。但是，他们就有那种毅力去做学问。"甘于寂寞"，这四个字的分量有多重！一个星期还可以顶，两个月还可以顶，二三十年，你仍能甘于寂寞吗？很多事情都可以使你心动？有些事情，你们没有经历过不知道。中文系教授、戏曲史专家董每戡1957年在鸣放会上即席赋诗："书生自有崚嶒骨，最重交情最厌官。"结果，刚好一句十年，打成右派二十年，从1957到1977。打成右派后，董先生跟着他太太回了长沙。穷到什么地步？夜里把门板拆下来做床板，白天又把门板挂上去。董每戡，中山大学二级教授啊；但董先生的气质也是很难得的，穷到没有床板，却用旧日历、废纸，翻过来当稿纸，坚持著述二十年。这些你们当然不知道。所以，我刚才讲，要沉得住气，甘于寂寞，要有定力，这种气质是极其难得的。他们那一辈人，凡是杰出的，都有一般人没有办法达到的精神境界，吴宓也是，吴宓后来也是默默无闻，在重庆西南师院（后来的西南师范大学）。这个人"文化大革命"的时候居然敢写信给中大革命委员会，打听陈寅恪在不在；而且里面还敢亮相，说他是"我在哈佛大学的同学"。那个时候，哈佛大学跟马蜂窝一样，谁敢去惹它的？吴宓就敢，差不多是自投罗网。打听陈寅恪怎么样，还说是老朋友，这个人也很有勇气和骨气。

学术著作跟文学作品不同，今天花相当多的时间讲几位作者的情况。因为一般来讲，作家的事情人家多有了解，学者的事了解就不多。同样都是精神生产的成果，但影响不一样。一本小说怎么创作，如巴金怎么怎么创作《家》、《春》、《秋》，很多人都知道；但是陈寅恪怎么写《柳如是别传》，就不知道，因为学者的事情讲得很少。

钱锺书在清华外语系毕业的时候，陈寅恪已经是清华研究院的教授，所以他俩辈分差了一截。但是一般来讲，还是那句话，他们都有"独立之精神，自由之思想"。没有那一种精神，那一种思想，沈从文也做不了那本古代服饰研究。沈住的地方离故宫很远，每天都得到故宫去上班，那时候，踩部烂单车，然后买一个烤白薯，捧着暖手——北京的烤白薯很烫。暖和以后才进去故宫博物院上班。另外，就是陈先生，这七十几万字是瞎了之后才写的。诸位不妨回家里去做个实验，写五千字的论文，闭着眼睛，书都在你家里的架子上。你给我试一试，五千字就够了，你怎么写？你也可以叫家里的人来帮你念，说我要某一段。念给你听，然后你来消化，写不了的。当年陈先生撰写的过程是怎么样？他开书目，然后黄萱先生就去图书馆借，借来以后读给他听。黄萱的文史水平很高，能断句，读得了，假如我们来读，简直烦死了。她读得很准，进入陈先生脑袋后，变成文言文念出来，黄萱记录，最后复核一遍。里面经多少个回合啊！这种事情做十年，七十几万字才出来。所以，我自己一想起他们这些事情时，觉得自己真真正正矮了大半截。他们是那样做学问的，很苦的。陈先生说，他每天都在等黄萱来，把昨天晚上想的那些口述出来，放松自己的脑袋。因为，他得牢牢记住，不然等一下就会漏掉。那一种脑力劳动非常苦，老年著书，失明著书。七十万字，"字字看来皆是血"，足以惊天地，泣鬼神，难道人还不受感动吗？

《柳如是别传》这个书名，是不断深化以后才确定的。我念书时听说陈先生正在研究"明清之际社会与文学"。后来著书，改成《钱柳因缘诗笺释》，突出"钱柳"这两个字。最后定稿，觉得把这两个人并列，而且钱摆在前头，不合适，便落实为《柳如是别传》。什么叫"别传"？按照唐代刘知几《史通》卷十的定义，是这样的："别传者，不出胸臆，非由机杼，徒以博采前史，聚而成书。"陈书如此命名，自居于"史流之杂著"，反映出被边缘化的无奈心态。

> "没有小角色，只有小演员。"小题目可以做大。

我开头举了戏曲界的谚语，那一句是本土的，还有一句是洋的："没有小角色，只有小演员。"这是俄国著名戏剧家、也是表演家斯坦尼斯拉夫斯基说的。本来，这一句话是非常有教育意义的，为什么现在没有人讲呢？因为"文化大革命"刚开始，就批判三个"斯基"：斯坦尼斯拉夫斯基就是其中之一，还有两个"斯基"，即车尔尼雪夫斯基、别林斯基，就是这三个"斯基"。斯坦尼斯拉夫斯基讲这句话，值得深思。"没有小角色，只有小演员。"在中国传统戏剧里面，一个大艺术家来表演一个小丑，也可以把这个小丑演得很"大"。可我们现在，有一些题目就太大了。"全球视野下的什么东西"，"全球视野下"，哎呀，你就坐在这个偏僻的角落，有什么全球视野呢？如果那样去搞，就不止是"高空作业"，简直是"太空作业"。"太空"，就是越来越空。没有脚踏实地，怎么能行？现在容易引起争议的是小题目。你这么小的题目，有什么意义呢？但其实，小题目是可以做大的。发掘得深，意义就重大。《柳如是别传》里，包含一系列知人论世的东西，很大，不会小，吴晗也写过钱牧斋，他写钱那篇论文叫做《社会贤达钱牧斋》。"贤达"这个名词现在大家比较生疏，是指50年代前的一类人，这类人粉饰太平，对国民党的统治有利，当时被称为社会贤达。其中最著名的一位，就是商务印书馆的老板王云五。《社会贤达钱牧斋》就是影射当时的王云五。我们讲这些事情，为的是从中吸取教训。研究任何问题，实事求是就好了，不要把政治言论与学术见解掺在一块，借古人影射今人，"影射史学"经过"文化大革命"后，也给学术界痛斥过。不要搞这些东西，搞下去以后就会面目全非，而自己也容易堕落为"风派"。你整天就在打听有什么"风"，就不会去做那种有独立性的学术工作。我们今天并不存在这种政治压力，只要实事求是去探讨就行了。大、小问题，都要有实事求是的评价，看人家做得怎么样，不要见到一个小题目，立刻就贬掉。像"全球视野下"那么大的题目，好不好呢？偶尔为之还罢了，最怕就是养成习惯，最喜欢"大而空"的课题，将来就很麻烦。"全球"，你想该是个什么概念？六十几亿人口，包括非洲在内，才算全球，你有什么"全球视野"？千万不要去赶时髦。我在广州这么久，探讨中外关系史多年，但从来没有参与讨论什么"海上丝绸之路"，这个你们都知道。用一种商品命名一条商路，是象征性的，不是实质性的。人云亦云，没有意思。我喜欢宣传一个观点，说有两个档次我们要分清楚：一个是不愁衣食，一个是丰衣足食。假如我现在还在愁衣食，我不可能坐在这里，来讲中国学术三名著；晚餐没着落，就得赶快去忙晚餐的事。但是，我们现在衣食是有保障的，你就做你自己的事情，就不好想还要追求那个丰衣足食。"丰"跟"足"两个字很厉害，什么叫"丰"？什么叫"足"？你去住高级别墅，还有人比你更高呢。买栋两千万的，还有上亿的，比不胜比。我并没有追求丰和足。我们现在衣食无忧，每个月拿工资，假如不吃药，吃饭菜是吃不完的。既然已经"不愁"了，就不要想东想西，一想那些，头脑就容易乱。在座多数人还在学，还未面临这些生活的问题，但日后必定要碰到，要有思想准备。

今天讲"学术三名著"，扯得很开，该收拢了。结束语只有几句话："三名著"不仅成就辉煌，成书过程也是悲壮的。读进去，就晓得其价值是双重的：既教你如何做学问，又教你如何做人。

中国文化的海外媒介：华裔学者*

　　我们已印发了六篇华裔学者的论文，要求大家在新学期好好阅读。按学者类型来分析，这六篇论文是中国学者在国外的研究成果。华裔学者著作的特点是：中学是他们的根基，西学是他们的视野（眼界），在他们的著作中比较明显地体现了中西会通。其著作的另一特点是学科交叉，不只是就史论史，而是与经济、宗教、自然科学等的交叉。华裔学者是中国文化在海外的媒介，只有媒介才能把中外联合起来。杨联陞逝世时，他的学生余英时先生写了纪念文章《中国文化的海外媒介》，恰如其分地表达了这个意思。现就这六篇论文的基本点提示一下，希望大家阅读时更加留意。

　　第一篇是：何炳棣的《美洲作物的引进、传播及其对中国粮食生产的影响》。

　　何炳棣先生早年在国内是研究经济史的。后到美国哥伦比亚大学攻读英国史的博士学位，经历了西方史学的训练。之后他决

　　* 2005年下半年，继"中外交流名文研读"课程之后，又为中外关系史研究生开设"华裔学者汉学文选"课，旨在培养研究生的历史眼界和多学科交叉的研究能力。2005年9月1日新学期伊始，为该课程作了引论，本文系当时讲话的纪要。

定用五年时间完成对中国史的回归，写出了一部关于中国人口史的著作《明初以降人口及其相关问题：1368—1953》。我们选读的这篇文章初刊于香港《大公报复刊二十周年纪念文集》(1978)。此文探讨了明代美洲作物落花生、甘薯、玉米、马铃薯在中国的传播及其社会经济后果。从此文中，我们比较明显地看到作者中学的根基、西学的眼界。通过对农业史的研究，将社会经济史与人口史结合起来，是学科交叉的体现，同时也开辟了此类领域研究的一个新阶段。

第二篇是：李约瑟、鲁桂珍的《11—16世纪中国食用植物学家的活动——关于野生（救荒）食用植物的研究》。

李约瑟和鲁桂珍在晚年结为伉俪。此文虽冠以李之名，但实际上是鲁所著。该文的最早汉译本见潘吉星主编的《李约瑟文集》（辽宁科学技术出版社，1986年10月）。本文以明人著作《救荒本草》为研究对象，通过对中世纪中国食用植物学家活动的考察，指出《救荒本草》的出现，是明朝后期开始出现的人口大增长的一个重要原因。以往每到饥荒之年，人们少不了采集野生植物充饥，但在野生植物中，如一些菇类等是有毒的，因此多有饥民中毒而丧命，《救荒本草》的出现，帮助人们辨识可食用的野生植物，提高了百姓在饥荒之年的存活率，从而为人口的大增长创造了条件。

结合上述何炳棣的文章，可以看到虽然被战争、瘟疫和饥荒所吞噬的人口无数，但美洲作物的传播以及救荒本草的出现，还是维持了人口的生存和繁衍，使得中国人口在清朝康乾时期达到四万万人。

第三篇是：王赓武的《永乐年间（1402—1424）中国的海上世界》。

王赓武先生曾任香港大学校长，后回到新加坡从事研究。因今年是郑和下西洋六百周年，故刻意选择了这篇文章，印发的文章出自《王赓武自选集》（上海教育出版社，2006 年 6 月）。明永乐年间发生了两件大事，一是迁都，由南京迁至北京，这可以从地缘学说来解释；二是郑和下西洋。王先生的文章是试图从当时朝廷对海上世界的认识，来对此事件作一解释。

第四篇是：余英时的《士商互动与儒学转向——明清社会史与思想史之一面相》。

余英时先生是钱穆先生的得意门生。本文是他的名著《士与中国文化》（上海人民出版社，2003 年）的一章。在明清时代，士与商的关系是一个很重要的社会文化现象。余先生的文章用韦伯（MaxWeber）在《新教伦理与资本主义精神》中所阐发的理论来考察这一现象，很值得一读。

第五篇是：杨联陞的《佛教寺院与国史上四种筹措金钱的制度》。

杨联陞先生出身清华大学，是陈寅恪先生早年的学生。他又是四川大学著名史学家缪钺先生的妹夫。杨先生学问做得好，尤其是他的书评切中肯綮，常常使书的作者心服口服，他因此被海外学术界称为"东方的伯希和"。过去学界只注意所谓寺院经济，此文则主要讨论由佛寺里产生出来的社会经济生活中的新事物，体现了佛教史与经济史的学科交叉。世俗生活中的各种经济活动如典当、彩票、拍卖和合会，实际上发端于寺院经济。例如现代意义上的拍卖，产生于荷兰，敲定才算数，比较原始的是在街头举行。中国古代寺院则称"唱卖"，是拍卖死去和尚的各种生活用品。"唱卖"听起来像梵呗，以致有人误以为是在唱小曲。

第六篇是：柳存仁的《唐代以前拜火教摩尼教在中国之遗

痕》。

柳存仁先生荣休前是国立澳洲大学中文系主任。有关摩尼教入华的时间，以往学界的主流观点是定在武后延载元年（694），依据是佛教文献所记"波斯国人拂多诞持《二宗经》伪教来朝"。虽然有人提出质疑，但最早把摩尼教入华时间作为一个专题、进行系统考察的，就是柳教授这篇文章。至于火袄教传入中国的时间，学界一般都接受陈垣先生原来考定的公元6世纪初，柳教授的文章根据中外史籍和《道藏》文献，把这个时间至少推前了一个世纪，该文的英文摘要最早在1973年7月巴黎举行的第29届国际东方学会议上宣读，《世界宗教研究》1981年第3期发表了这个英文本的汉译，是林悟殊教授（当时正在攻读硕士学位）的译作。今印发给大家的是柳教授用中文撰写的定稿，收入其《和风堂文集》上卷（上海古籍出版社，1991年）。

官方允许拜火教和摩尼教在中国的传播是在唐太宗和武则天在位时。但一个宗教得到官方的认可，被录入官方史籍，此前它在相关的人群中必须有相当范围的传播，本文别开生面，顺着历史发展的纵线，追述拜火教和摩尼教在唐代以前中国的传播痕迹，富有新意。宗教从民间传播到取得合法地位应有一个过程，这种思路很有道理。尽管文章对一些具体事例的考证，有的学者不以为然，但文章整个思路是经得起推敲的。因此，文章发表后，影响颇大，不少讨论外来宗教入华时间的文章，都多少受到柳教授思路的启发。

避免架空立说[*]

现在两年制硕士生毕业论文，字数限定为一万左右，正式写作的时间只剩下半年。各位同学论文的选题，从时段上来讲，集中于明末清初；从范围上来讲，涉及其时各界对天主教传来后的各种反应。好事巧合，这四名同学是同行中的同行，应该加强交流。

第二个建议是，各人的题目还要进一步斟酌，要考虑具体落实到哪些内容。以《明末天主教士人的婚姻观》一文所要探讨的婚姻制度为例，最好落实到一两个人身上，才不会流于空泛。比如士人，他带着妻妾入教，会面临什么问题？对中国历史上婚姻问题的复杂性我们仍认识不足，以生子为例，如果长子是由妾而非妻所生，就会面临嫡子和长子的位置问题。已故的岑仲勉先生曾探讨庶出的长子如何称呼，就是对此的专门研究。另外，应注意所选个案宜少不宜多，以能说明问题为准。

明清之际，西方传教士入华后写了很多著作，其中激起反应

---

* 2004 年 9 月 20 日，中外关系史 2003 级四位硕士生作学位论文开题报告，本文为报告会上的讲话纪要。

最大的就是"历"和"礼"。古代的历是由朝廷公布的,所以叫皇历,正式名称叫做时宪历。一本历法浓缩了中国的传统文化:除农耕季节外,历法中最重要的是要明确吉凶,也就是说历中包含了日常的生活守则;因此,历法的改变也容易掀起轩然大波。礼主要是指能不能拜祖,能不能拜孔,即大家熟知的"礼仪之争"的问题。我们要研究传教士入华所引发的中西文化冲突,就要注意到历和礼的问题,这样才算点到穴位。

16—18世纪中西方都发生了重要变化,西方渐渐超过东方。笼统地说,就是和平贸易被商业战争所取代,朝贡制度逐步瓦解,传统文化面临西方文化的挑战。法国艺术家罗丹有句名言:"最高级的美存在于深度效果之中。"就好像字画只有挂起来才能很好地供人鉴赏一样。也就是说,历史背景对我们来说很重要,这些背景不一定要形诸笔墨,而是我们在思考时不能忘记。我们处在21世纪初来研究明清历史,不要忽略中间隔着什么东西。历史距离包括三方面:时间距离、空间距离、心理距离。前两者容易理解,第三项则常常被忽略。比如我们现在很难理解古代的纳妾制度,而古代的士大夫则认为,只有妻妾成群,才显示士大夫的气派。由于我们缺乏对历史背景的深刻了解,所以必须补课,补间接经验,来充实我们的认识。各位要特别注意,撰文时如何才能具备明末清初的历史感。比如康雍乾时期广东官员对天主教的反应,涉及了教义、传教方式以及传教士的个人品质等多个方面,十分复杂。又如《中西婚制与文化交流》这个题目,自己一定要明确,有没有一种婚制可以说成是中西交流?有些老前辈讲的可能有些极端,他们说最讨厌写策论。现在看来的确有道理。各位的论文存在着如何进入历史现场去观察的问题,因此在阅读资料时不能粗,要学会具体取证,避免架空立说。

传教士单枪匹马，要来中国传教，其困难可想而知。所以传教策略中非常重要的是"合儒"、"排佛"，因为他们不能同时树立几个敌人，只能联合中国传统的儒士。分析策略时也要设身处地地考虑，"摸着石头过河"，不能做粗线条的判断，仅用几条大纲来概括。前人已有大量研究，我们要消化，要提出新的想法，要勤于读书、写作和思考。

现在讲学科交叉，往往只简单地理解成课程设置，以为多开几门课就是学科交叉了。其实并非如此。学科交叉既是学理又是方法，不是简单结合，而是渗透融合，谈何容易。虽然写论文的条件比较困难，但我们要心往好处想，在"打骂"（其实并无打骂）中成长，在从难从严的要求下成长，而不是放在安乐窝中培养。

我们不提倡"速成"[*]

学制缩短标准不变

今年全国研究生扩招，中大就招收了 3000 人，明年一定会更多。而且硕士研究生实行学制改革，从三年缩短为两年，在座四位新生正好碰上了这次大变动，应该如何适应呢？这个缩短的一年非常重要，一年就是原来"三年"的三分之一。我认为虽然学制缩短，要求并没有降低，那么新入学的研究生要怎样安排自己的学习计划呢？各位要清楚研究生的标准是不变的，但是学习时间减少了，所以自己更要抓紧时间。就好像 100 米短跑考试，原来可以跑 15 秒，现在要求 10 秒跑完，当然要加快速度了。这就是我希望大家首先明确的问题，自己要抓得更紧，自觉努力。

　＊ 2003 年 9 月 11 日在历史系中外关系史 2003 级硕士研究生新生见面会上的讲话纪要。

研究生"研"字当头

第二，你们要攻读的是硕士学位，不是博士，也不是学士了。这是比本科更高的阶段，不要把硕士这两年的学习看作大学的五、六年级，认为只是再读两年而已，这种观念是大错特错的。"大学生"和"研究生"有着本质的区别。大学生不管胡子多长，总是"学"字当头；研究生则以"研"字当头，博士生当然是"博"字当头。这不是在咬文嚼字，三者确实有实质性的区别。大学作为本科教育，学生接受的是专业的基础训练；研究生则是专门的教育，大学生从一年级到四年级虽是步步高地学习，但是本科的毕业论文也只是结束四年学习的一次综合训练，一个最后的环节。而研究生课程的所有环节都带有"研"的意义，是在为科研提供知识和方法，培养研究能力。因此不能把研究生阶段视为大学的五、六年级，大学生与研究生的区别不在名称，两者有着实质性的区别。

读书与查资料

第三，研究生入学后应该在读书的基础上进行研究，先读书再研究，否则就跨越了一些必要阶段。如果一抓住问题就四处找资料，没有认真读书，这是不可取的。读书与查资料是两回事，如果读书只是为了尽快写出论文，那样的读书就几乎等同于查资料了。查资料有快慢之分，读书则不必讲究快慢，不像吃饭比赛一样要追求速度。读书反而要慢，"读书百遍，其义自见"。现在你们只剩下两年的读书时间，怎样安排呢？要懂得选择要读的书，列出最需要的、该读的书，不要局限于就题目找材料。如果题目是导师抛给你的，你本人对这个题目没有认识，这是在听学问不是做学问。所以应该在导师的指导下读书，自己发现问题，再征求导师的意见，然后着手去研究，这样的认识过程才是正确的。只是拿着现成的题目去查资料，这样无疑违背了研究生培养的宗旨，因为这种"奉命作文"等同于"移植"，不是从原地自己长出的成果；而移植的多数长不好。大家在导师指导下读书，随时都要注意思考、发现问题，学位论文的题目也应该在读书的过程中认真去找。周一良先生从燕京大学毕业后，到中央研究院历史语言研究所做实习研究员。不是去了就定研究计划，而是认真地读魏晋南北朝史书，发现问题之后再探讨撰文。他在史语所一年多的时间里，发表了一篇论文，另外还写了一篇待发。如果没有读书就找资料写论文，居然还有原创性，真是不可思议！所以诸位要弄清"读书"和"研究"的关系。

导师指定的必读书目不多，最基本的书要多读、细读、反复读，放慢速度，慢慢咀嚼。当然这不是一个无底洞，至少要读两遍，一遍是通读；从目录读起，因为目录反映全书的结构和框架，通读一遍可以了解全书轮廓。第二遍要细读，以章为单位，一章章过关，知道每章在讨论什么问题，读完以后留下比较清晰的印象。

我们不提倡"速成"

学制虽然缩短了，但我们并不提倡"速成"。假如可以速成，早就将经验推广了。老子曰"大器晚成"。历史上假若有大器早成的人，那早就出名了。大器总是晚成，除非你自认为是"小器"，才可早成。为了尽快成才，还是要多加把劲。稳坐钓鱼台，不自我努力，熬到七八十岁就能成"大器"吗？不是的，那是"老器"。我们要争朝夕，要抓紧时间。当然浮躁之风不是一番教诲就可以祛除的；它难以医治，但并非不可治。只要觉察到，及早医治还是可以的。学人更要抑制浮躁。"浮躁"是学术上的"幼稚病"。这种"幼稚病"当前有两种主要表现：一是表现在年轻人反应很敏锐的"切入口"。孤立地谈"切入口"，就会助长浮躁之风，目光四处张望寻找切入口，容易误入歧途。接过来一个题目，就以为自己找到切入口、新课题，得其门而入了。另一个表现，是忽略"基本功"。我在中大读本科和刚成为教师时，常常听到"基本功"这个词，如果有良好的基本功再加上合适的切入点，那就是一刀见骨。脱离基本功则容易花拳绣腿，没有实际功力；只注重基本功训练而没有找切入口的实践，也难取得战果。浮躁难医，但非不可医，方法就是要加强基本功训练。二十四史，我的老师是一本一本地读；到我这一代，是有问题去查；再到你们，也许有人连查都懒得做，靠转引。对二十四史的熟悉程度，体现几代人基本功的逐步欠缺。在老师的指导下扎扎实实地读专著、史料，态度要积极，步调要稳健。我们应该立志成材，但是并不急于成材。

各个学科都要防止"专而不通"的偏向，读专门史的人不要"作法自毙"。以前有人批评牛角尖式的学科分类是"马尾巴的功能"，但是我们不要画地为牢，不能栽在"专"上，要有通识的眼光。

目前浮躁成风，此风不可长。我们要戒骄戒躁，一步一个脚印，保持扎扎实实的学风。

精神产品和精神家园 [*]

这次讲课之前，已事先复印了两篇文章发给大家，都是短文，等一下我才讲为什么选这两篇文章。我们平常都听惯一句话，叫"文以载道"。意思是说"文"和"道"的关系，实际上就是一个载体跟事物的关系。假如这个"道"就是道理或者学理，那它的表达就可以有两种形式：一种是用嘴来讲，一种是写成文字。过去没有录音，如果当时没有听，后来就听不到了。所以流传下来的都是文字；因此，以往都很强调文，不太强调声。现在录音普及，当然也可以听声，就不止是文了，古人把教书、写作与农民耕田联系起来。像我现在这样用嘴来讲课，叫"舌耕"；如果写文章或著书，就叫"笔耕"。既然是这样，"文"这一方面，过去自然没有被忽略。假如你有"道"，但没有载体，你怎样发生影响、流传呢？根本是不可能的。不过，现在的实际情况则有不同，"文以载道"这四个字，尽管我们常常听说，但却常常是重"道"轻"文"，你们无妨回顾一下进大学以后，主

---

*　2006 年 6 月 28 日，为中外关系史专业的师生作了一场关于精神产品和精神家园的报告。本文据讲话录音整理修订。

要是讲专业知识，很少去提到这个"文"的重要性了。平时阅读，即使不是为了查资料，主要也只是了解书或文章的内容，说人家这本书、这篇文章是在讲什么，很少去考虑人家的思路。每篇文章、每本书，都有它的思路，"思"是有"路"的，是不是？还有，人家的文笔，张三跟李四的文章，文笔就不一样，人家是怎样表述他的思想，这一类事情可能就更少注意了。由于重道轻文，便只关注专业知识，至于人家如何组合这些专业知识，如何表达这些道理，似乎不属他关注的范围。这样难免是要吃亏的。现在一些人写文章或著书，不是没有"道"，但因为"文"不行，表达不好，令人难以卒读。现代教育与古代不一样，古代强调背诵，背得滚瓜烂熟，文自然也就很熟练，表达得很流畅。今天，有必要适当强调文的重要性。道固然重要，但"道"要"文"来载。我们现在强调文，讲讲文，与开设一门课不一样，不过是向大家打打招呼而已。或者说，跟人家种地一样，撒撒种。撒种这个事情可不是普普通通的，我希望大家如果得空，看看《圣经》的《新约》。《圣经》有《旧约》、《新约》。《新约》的开头是连续四个福音，即《马太福音》、《马可福音》、《路加福音》、《约翰福音》，叫做"四福音书"。在第二个福音书即《马可福音》里面，有一段耶稣的话，就谈到这个撒种的事。他的意思是这样的：有一个人去撒种，有些种子撒在路边，给鸟吃掉了；有一些撒在泥土很薄的石头上，结果根扎得不深，就算长起来，给太阳一晒也就枯掉了；另有些种子撒在荆棘丛中，结果被杂草所掩盖，也出不来；最后，只有那些撒在好土上的种子，才长成了。它的收成，比原来播下去的种子，多30倍，多60倍，多100倍。耶稣一席话当然不是开玩笑，所以他还规定了一个回报率，即30倍，60倍，100倍。我们可从这里汲取一点智慧。我们撒下去的种子，当然希望有 30、60、100 的回报率，而不是给鸟吃掉，让太阳一晒就枯掉，也不要让杂草挤掉。但愿在座诸位都是好土，我今天讲的话就像撒下的种子，能得到高的回报率。

现在就讲那两篇文章。

《西湖七月半》是张岱《陶庵梦忆》卷七里面的一篇短文。《陶庵梦忆》的作者张岱，前半辈子是明朝人，后半辈子是清朝人，所以也可以说，他是个遗民。他生于明朝的万历年间，死于清朝的康熙年间，具体年代是 1597 到 1679 年。这个人是非常著名的散文家，《陶庵梦忆》是他的散文集，很出名。在这个散文集里面，尤其出名的，就是这篇《西湖七月半》。他这一本书叫"梦忆"，"陶庵"是他的号。张岱划分过"梦"的类型："梦所未见，其梦也幻；梦所故有，其梦也真。"梦和忆这两件事情，在人生里面是很要紧的。人人有份，不止在座诸位，包括我在内，也会有梦想和追忆。童年还不会梦，童年所处的状态是"蒙"。所以，儿童也叫蒙童；教儿童识字，叫"发蒙"；给儿童读的书，叫"蒙学书"。因为他这个时候才离开娘胎不久，是蒙眬的。法国启蒙思想家卢梭，有一本教育学的名著叫《爱弥儿》，爱弥儿是一个儿童，这本书只能够译音，译成"爱弥儿"。卢梭在《爱弥儿》里面讲到童年的特点。他说，在儿童时期，人类的理性还在睡觉，千万不要去动他，你一动他，就破坏掉那个童心。嫌小孩傻乎乎的，拼命给他灌东西，这是违反人性的。人类的理性在儿童时期还在睡觉，你让他安安稳稳睡就好了。所以中国过去的教育，有一点违反人性，儿童教育变成培养小老头，促他赶快成人化，父母也好，师长也好，巴不得把小孩拔高，变成一个成人。像著名的《三字经》，第一句话"人之初，性本善"，就是人性论。你叫小孩怎么理解呢？卢梭是绝对不会来进行这种教育的，小孩是不懂这些的。小孩逐步长大，进入少年期，青年时代，青少年时期梦想很多，所以青少年时代又叫"多梦年华"，很好听。因为这个时候梦想很多，有的想当个科学家，有的想当个宇航员，等等；想将来怎么样怎么样，甚至异想天开。当然，人不能够老是"梦"的，青年会成熟，成熟就进入中年状态，这个阶段就是事功的年代。大概可以这么说，30岁到60岁，一辈子能做出什么，主要就看这一段。因为这一段是事功的年代。这个事功完了以后，那又是什么时候呢？就是"忆"，进入回忆的年代。因为事情办得差不多了，人又还活着，干什么事情呢？就往回想。在座的好些人是处在不大梦的阶段，正在着手事功。我虽然也还在做事，但已进入"忆"的阶段了：事情办得差不多了，现在可以回顾了。为什么这个"梦忆"在张岱那里看得这么重？因为逝水年华成了遗民梦，以上是对书名的一番解释。

现在讲讲这篇文章的内容及其表述的特色。西湖的七月半，是一个节日，这个节日叫中元节。八月十五叫中秋，七月十五是中元。中元节，也像中秋节那样，有很多人出来赏月，看风光。西湖有好多游人。张岱自己是绍兴人，浙江绍兴，离杭州很近，实际上他是住在杭州。所以七月半的时候，他也到西湖去看看。这篇文章就是记了他所看到的东西。这里最重要讲的就是人和月，还有就是人如何看月亮；里面有雅有俗。这篇文章实际讲了四个字：人、月、雅、俗。让我们最感兴趣的，就是他记事抒情的句型。你们看了这篇文章就知道，张岱讲"西湖七月半，一无可看"，没有东西可看的，"止可看看七月半之人"，这一天最值得看的，就是去看"看七月半之人"。连用两个看字，就是开头第三句"止可看看七月半之人"，从这里可以开始体会这个句型了。我们常常讲"我看你"，不足为奇；说"你看我"，也不足为奇。但"我看你看我",就奇了。我看你怎么看我,这个就要紧了,是不是?所以这里也是同样的意思,月是没有什么好看的,人也不是怎么好看的,最重要的是看人怎么样看月。按照张岱的记述,他心目中的游客分成五类。五类就是五种状况。你们看,第一类是"名为看月而实不见月者"。名为看月,实际上他并没有看到月。第二类是"身在月下而实不看月者"。他人在月底下,但自有其他东西要看,实际无心看月。第三类是"看月而欲人看其看月者"。他出来看月的时候,颇为张扬,穿得漂漂亮亮,实际醉翁之意不在看月,而是做作,想让别人来看他如何看月。第四类就是"月亦看,看月者亦看,不看月者亦看,而实无一看者"。东张西望,好像样样都看,实际上他无心看什么,没有一样看到。第五类呢,"看月而人不见其看月之态,亦不作意看月者",这个就是雅人了。你想想,"看月而人不见其看月之态",那怎么看?他隐蔽在那里,他是在看月,但是人看不到他看月的那一个姿态。"亦不作意看月者",他不是不看月,而是不做作,不是作意地来看月,不是沉醉在月这里,而另有寄托。对这五种人,他描写的句型是不一样的,里面那个分寸,那个差异,表达得真是恰到好处。人家评论《西湖七月半》,最精彩的地方就是对五类人的区别。比如说,我们有五个学生在听课,各有各的神态,我就没有本事来做这种区别。但是他很准确、细致地讲出他们的差别。张岱自己不在话下啦,他是排在雅人一类,要不他写这篇文章干什么。文章的最后一段是:"韵友来,名妓至,杯箸安,竹肉发。月色苍凉,东方将白,客方散去。吾辈纵舟酣睡于十里荷花之中,香气拍人,清梦甚惬。"那时候的文人很风流,这个不去讲他。其中"十里荷花"这四个字,出自宋词。原句是"三秋桂子,十里荷花",这是描写西湖风光的名句。杭州是南宋的首都，传说金的统治者就是被这句词所打动，而决心非攻下杭州不可。这当然是后人的渲染。张岱这里的"十里荷花"，不过是用一个现成的典故，并非突然在他笔下跑出来的。像"三秋桂子，十里荷花"这种四字组合的句式，在古汉语中很普遍，叫"四字格"，是汉语表述的特色。文章中如果多用四字格，则较具民族形式，且较流畅。《红楼梦》就有大量的四字格，有人还为它编了一部四字格词典。

关于句型的领会，就介绍到这里。在写作的过程中，句型的转换是很要紧的，如果文章总是一些"我看你"、"你看我"这样的句型，人家读三遍就打瞌睡了。张岱这篇散文就讲到这里，其造句之妙大家可多读几遍，自己去进一步领会。

第二篇就是陈寅恪先生的《陈垣明季滇黔佛教考序》，假如说上面那篇是名文，这一篇就是名序。陈寅恪先生写了好多序，最出名的两个序，一是《海宁王静安先生遗书序》，另一个就是为陈垣写的这个序。这个序从头到尾都没有分段，我试把它分一下，是我个人的领会。第一段，即从开始第一行，到第六行"是又读是书者所共知，无待赘言者也"。这第一段是评价陈垣著作在史学史上的地位。接着第二段，是到这一页的最后第三行的"未尝不可作政治史读也"。第二段的大意是讲宗教与政治的密切关系。这一段人家常加引用。说政治史和宗教史有很密切的关系，当然不止陈寅恪一家这么讲，前人也有很明确地提出过这个问题。我上次讲黑格尔那本《小逻辑》，其中就说："宗教与政治本质上是联系在一起的。"政治和宗教的关系当然是很微妙的，两个都是"门"嘛，政治是衙门，宗教是佛门。两个"门"，有着很密切的关系，陈先生在第二段里特别讲了这个问题，说陈垣这本书："虽曰宗教史，未尝不可作政治史读也。"就是说，书虽然是宗教史，但可以把它看做是明末清初的政治史。能够这样，无非是宗教和政治本来就存在着很密切的关系。最后第三段，从"呜呼"到结尾，也就是他的主旨所在。这一段，它的要点是什么呢？就是砥砺气节。在气节问题上，两个人共勉嘛，是不是？因为写这篇文章的时候，陈寅恪尚在大后方，而陈垣在北平，则是被日本占领的沦陷区。文章落款"庚辰七月陈寅恪谨序"，庚辰就是1940年，他当时在香港，离抗日战争结束还有五年，日本也还没有占领香港。当时陈先生的家属住在香港，他自己在云南昆明西南联大，常常两头跑。而陈垣的大儿子陈乐素，也就是后来成为宋史专家、曾在广州暨南大学任教的那一位，那时候正住在香港。陈垣叫他儿子到陈先生那里去，看看这篇序给他写好没有。陈垣书信集里有那一封家书，其中说"我要你重视这件事情，经常去看看，但是你也不要把人家惹烦了"。可见陈垣很急于得到这篇序，但又叮嘱儿子要掌握分寸，不能催得太紧。后来序拿到手了，寄过去，陈垣很高兴，因为这篇文章对他评价很高。在这第三段，借用古典，互相砥砺。古典就是支愍度的故事。支愍度要渡江，江北那个老和尚就提醒他注意：立一个新义——"心无义"，到江南一带可以有碗饭吃，但不要以为此说可以宣扬，再宣扬下去，就有负如来了。二陈一个在沦陷区，一个在大后方，南北相望，都没有丧失气节，都没有"负如来"，你在沦陷区没有给日本人办事，我自己到昆明来也没有另树新义。这个就是以气节相砥砺，话是讲得很含蓄的："先生讲学著书于东北风尘之际，寅恪入城乞食于西南天地之间，南北相望，幸俱未树新义，以负如来。"他这两句话，脱胎于杜甫《咏怀古迹》开头的两句诗："支离东北风尘际，漂泊西南天地间。"陈先生把它借用在这里，形容他们俩的状态刚刚好。因为杜甫写这诗时正值"安史之乱",二陈也是正处国难;一北一南,北京那里刚好是"东北风尘际",陈在昆明这里刚好是"西南天地间",古典和今典,配合十分默契。

就这一篇序来讲,第一段讲陈垣的著作在史学史上的地位,第二段讲宗教史和政治史的关系,第三段是在乱世中两个人以气节相砥砺。成为一篇很完整的序。虽然仅几百字,但讲得很明确,很深刻。

讲陈先生这篇名序,就是要给我们作示范。我也不太会写序,不过,我在给人家写序的时候,是有意向陈先生学习的,不是张三要我写序,我就拿起笔来,随便涂几笔。序有序的规矩。序,最忌一个什么东西呢?就是把它当做书的提要。比如说,张三有本书要我来写序,他里面分五章,我就在序里边逐章给写个提要,如果是这样,那就完全不是滋味了。像陈先生那样作序,就很高明。他序中所点出来的内容都是很实质性的,一个就是作者的学术地位是怎么样的,评价非常高,难怪陈垣读了那么高兴。开头就说:"中国乙部之中,几无完善之宗教史。"四部分类法的乙部就是史部,中国的史部里从来没有一部完善的宗教史,"然其有之,实自近岁新会陈援庵先生之著述始"。中国原来就没有完善的宗教史,假如有的话,是从新会人陈垣开始的。把陈垣摆到史学史里边,说他是完善的宗教史的开山者。然后,意思又推向更深的一层,说宗教史与政治史是一个什么样的关系?是很密切的,接着又讲他们俩眼前的处境,用两个人的关系作今典来印证古典,如果不是因为抗日战争,我们两个就不会在1937年分手。"忆丁丑之秋","丁丑"就是1937年,陈先生离开北平;然后1940年写序。所以他这里又把个人身世、感受融合在这序里边,读起来就有理有情了,是不是?现在有些序干巴巴的,说

"张三这部书是个力作，它里面分五章"，介绍一遍，然后是"相信它一定会博得读者的欢迎的"。大概也就这样的了。我讲过十遍八遍了，"熟就是俗"。假如我们写一个序的路数是我刚才讲的那个样，是容易写的，可惜就是太俗了。路数很熟，价值也就很俗。

关于两篇文章，上面只是提提自己的看法供大家参考参考。引发我今天讲这两篇文章，还有更深的一层意思，也就是现在要讲的关于精神家园的问题。若干年来，尤其是近年，人文精神、精神家园差不多已经变成口头禅了，究竟这个东西是什么东西呢？校训还比较明确，那就是小礼堂后面那十个字，上一次讲过了，那是孙中山先生从《中庸》里面抄出来的"博学、审问、慎思、明辨、笃行"。但是对精神家园这个概念，是不能不求甚解的。因为它跟回家不一样，说去登记一张车票，然后回去探亲，那是回家。我们现在是找回精神家园，这精神家园何所指？因为我怕被人家将一军，要我回答这个问题，所以我就这个问题专门思考过，免得不好下台。

回归精神家园就是回归古典。读读《大学》，体味其中提出的成才之路："修身、齐家、治国、平天下。"以修身为本，从我做起。体味其中办事要循序渐进的告诫："物有本末，事有终始，知所先后，则近道矣。"体味其中"心广体胖"的含意，保持宽广、宽松、宽容的心态和安详、舒畅的体态。

我们常常讲"四书五经"，如果中国人要寻根，就得寻到那里。四书的第一本叫《大学》，这是大家都知道的。第二本叫《中庸》，第三本叫《论语》，第四本叫《孟子》。我们现在是"念大学不读《大学》"，这个是要写出字来才明白的。如果只是口讲，没有办法表现那个书名号，就不知道什么意思。因为精神家园这种东西，不是物质的，正如我刚才所说的，跟我们回故乡、回老家不一样，不是多少平方米的房子，不是有无老人小孩的家庭，而是精神性的。一个人一旦失落了这个精神家园，就会觉得很空虚。我们现在虽常常讲精神家园这一个理念，但在日常生活里却没有加以立体化，只是经常挂在嘴边，理解却很肤浅。寻找精神家园，实际上就是要向内心回归，向古典回归。所以我才会慨叹"念大学不读《大学》"。《大学》，实际上要读一遍很容易的。不算注解，单读正文，半小时就可读完一遍。四书里面最短的是《大学》，但是它却排在第一部，可惜现在没有人去提倡读这本书。是吧？

那它为什么值得提倡呢？当然各人可以有各人的理解。我看到是这么几条：

第一，里面规定了一条成才之路。这条成才之路就是："修身、齐家、治国、平天下。"这是逐步升级。后面这个"齐家、治国、平天下"，我们暂时不要去管，就讲这一条路的第一步从哪里开始。成才之路的第一步就是从修身开始。所以《大学》里边主张修身为本，也就是说，最根本的在于修身。如果没有这条，后面那些都是落空。根本的出发点是修身，其中当然也包括律己。修身为本，用我们现在的习惯讲法，就是从我做起。第一步就是从我做起。这个是第一条，是《大学》里边讲的根本问题。

第二，是办起事情来又该怎么样呢？就是"物有本末，事有终始，知所先后，则近道矣"。这就是办事的步骤。用我们现在的话来讲，就是要有秩序感，不要乱来。如果硬要从后面做起，硬要从中间插过去，就不行；因为"物有本末，事有终始"。而"知所先后，则近道矣"，就是要按办事情的规律，循序渐进。循着那个序一步一步前进。这就叫有秩序感。和循序渐进对应的是"突飞猛进。"突飞猛进当然很鼓舞人心，循序渐进则很辛苦。我一步一步走，好久才能走到海珠桥，很辛苦，是不是？循序渐进嘛。突飞猛进呢，"呜"的一声就到白云机场了，令人鼓舞啊。其实，循序渐进和突飞猛进并不是前进的两种类型，而是同一个过程里面的两个节奏。你很注意循序渐进，有一天你就会突飞猛进，突飞猛进以后你又继续循序渐进，然后又再向一个新台阶突飞猛进。这是过程里面的两个节奏，不要把它看做是两种类型。在一个过程里面，你只有循序渐进，才可能有突飞猛进，突飞猛进了以后，又得继续循序渐进。既懂循序渐进，又懂突飞猛进的人，他的前程必定相当可观。

第三，是怎样保持个人的心态。《大学》里边提到"心广体胖"，这四个字，耐人寻味。它实际是讲一个人的心态和体态。现在还经常用。不过，口语里面常常把这个"广"字写成"宽"，变成心宽体胖。心态要宽广，要宽松，要宽容，这就叫"心广"，这个一讲就明白。至于体态，这个"胖"字，误会就太多啦。因为现代汉语与古代汉语不同，用词常常是要两个字搭配在一块，后来人们往往就只承认其中一个字的意思，而忽略了另外一个字的意思。譬如说，"知识"、"意义"、"肥胖"，在古代汉语里，这是六个字，现代汉语把其分别搭配起来，意思就不一样了。"知"和"识"本来就不一样，我讲过多遍了，不用再讲。大家回想一下，有知之士与有识之士有什么不同，有知之士并不高明，有识之士才高明。只懂其义是不够的，还要心知其意，即不止于字面意思。什么叫肥呢？多肉就叫肥，而胖不是。胖是指一种什么东西呢？照朱熹的解释，"安舒"才是胖。就是你的状态是很安详的、舒畅的。不是指长肉，如果理解为长肉也是不通的。你心情好就会长肉吗？我心情并不坏，可也没有长肉啊。为什么会这么说呢？因为这个词的古义已经变了，已经和"肥"半斤八两了。如果照原来的本意来理解就可通：你的心态是宽广的、宽松的、宽容的，你的体态自然也就是安详的、舒畅的。现代汉语反映复杂的社会生活，是有分寸的，减少体重叫做"减肥"，没有叫"减胖"的。但是胖子跟肥仔就没有界定得很清楚，我自己就认为胖子是好的，肥仔不好。因为肥仔太肥了，负担很重。如果照这个意思来讲，做一个胖子也未尝不可。一个人有什么样的心态，就有什么样的体态。

《大学》，正文半小时就可读一遍，假如能刻意体会我刚才提出来的这三条，那领会更快：修身为本，有秩序感，心宽体胖。假如谈精神家园的时候，有这三条在手，恐怕就会比较充实，比较有立体感，既不会太平面，也不会太突出。

下　辑

仰望陈寅恪铜像

2008 年 10 月 10 日，陈寅恪（1890—1969）铜像在中山大学永芳堂揭幕。这座将学人魂物质化的纪念品，出自著名雕塑家唐大禧先生之手，由历史系 1978 级校友奉献母校。本文是揭幕仪式上的致辞。

——题记

金秋时节，仰望金光闪闪的先师铜像，昏眼为之一明，感受到严肃与崇高，未开口已经先激动了。

面对着陈寅恪先生的宗师伟业，道德文章，我自知差距巨大，矮了半截，只有仰望又仰望。他生前授课，我坐在学生凳上仰望；他作古多年后，我写《仰望陈寅恪》一书追念；今天在这个仪式上致辞，依然守"仰望"之旧义，不敢哼"走近"的时调。时时仰望，似乎比烧炷香更能表达对金明馆主人的感念之情。

陈寅恪先生的学术生涯，与两个校园结缘最深。早期是北京的清华园，十四年；晚期是广州的康乐园，二十年。后者被他称为"棲身岭表"的时段，也是最长和最后的时段。正是在这风风雨雨的岁月里，他以"衰残老病"之身，作元白诗笺证，使《再生缘》再生，为柳如是立传，如此等等，无异用苦汁酿成甜酒，创造出精神生产的奇迹，在学术上取得了新的辉煌。因此，陈寅恪铜像立于康乐园，立于浸润过他汗水和泪水的土地上，可说是得其所的。

最后二十年的陈寅恪，双目完全失明，自称为"文盲叟"。如何再现他的形象，确实是对雕塑艺术家的严峻考验。经过唐大禧先生的潜思妙悟和精心制作，一个盲于目而不盲于心的智者，终于形神兼备地脱胎出来了。我于仰望之余，心中不禁赞叹：大禧大手塑大师！谢谢。

对陈寅恪先生，我只有受业一年（1955年秋至1956年秋）之缘，既非"入室弟子"，也无"教外别传"。在金明馆听课的时候，他已经是一位66岁的长者了。咫尺之间，存在的并非父子辈而是祖孙辈的庄严"代沟"，可望而不可即。因此，时至今日，我既不敢谈"继承"，也无从说"走近"，只能够老老实实地"仰望"而已。

仰望陈寅恪铜像，不是看偶像，不是取标签，不是捞符号，而是为了寻找日益淡化和边缘化的陈寅恪精神。这个精神的核心，通俗地说就是"二要一不要"：要独立自由，要脱俗求真，不要曲学阿世。欲知其详，请阅陈氏的传世名文《清华大学王观堂先生纪念碑铭》和《赠蒋秉南序》。

陈寅恪铜像的揭幕，固然是盛事，是乐事，同时更是寓意深远的心事。但愿此举对净化学术风气和提升学术境界，具有地标式的意义。事在人为，拭目以待吧。

从手迹看心迹

——读梁方仲教授听陈寅恪先生讲课的笔记

本文是 2008 年为纪念梁方仲教授百年诞辰而作，既借以追思，也用以自励。

——题记

在梁方仲教授的传世遗物中，有两册听陈寅恪先生讲课的笔记。半个世纪前的故物，经历风风雨雨仍完整保存，实为幸事。蒙梁公子承邺世兄的厚意，让我研习笔记原件，并嘱撰文纪念梁方仲教授诞辰一百周年。盛情难却，只好勉力而为。本文虽立意要从笔记的手迹看学者的心迹，但限于学力，领悟未深，无从阐发陈、梁二师之间"心有灵犀一点通"的奥秘，只能算是一份粗疏的读《笔记》的笔记而已。

一、"执弟子礼"的精神实录

二十世纪五十年代，是中山大学历史系的全盛期。人才济济，处于前列的有四大师：陈寅恪、岑仲勉、刘节、梁方仲。他们的道德文章，均足垂范后世。其中辈分较晚然而风华正茂的梁方仲教授，在明清经济史，尤其是赋税制度方面，已作出了学界公认的卓越建树，蜚声海内外。哈佛大学的华裔学者杨联陞教授，1946年1月12日赋诗《赠方仲》（见《哈佛遗墨》），备加赞扬：

> 北国学者莫之先，一代经纶独贯穿。

> 图写鱼鳞十段锦，徭均鼠尾一条鞭。

梁、杨两位都是毕业于清华大学的杰出学人，早在三十年代中期，就与陈寅恪教授结下师生之谊了。经过五十年代初大规模的院系调整，方仲先生与寅恪先生成为中山大学历史系的同事，执教于中国古代史教研室。按教学计划，陈先生轮换开设两门选修课程"两晋南北朝史料"（1953年10月至1954年6月）和"元白诗证史"（1954年9月至1955年6月）。梁先生以教授身份与选修生并排而坐，沉浸于"金明馆"的教泽之中，静气聆听，细心笔录，其态度之虔诚，有长达百页的笔记为证。如今已成遗墨的小本子，依然耐人寻味。

第一，笔迹工整，极少涂改。讲课人脱口而出的引文和诗句，一一照录，准确度极高。倘非聚精会神和课前预习，绝办不到。

第二，每堂课均标明听讲月、日和星期，因事缺课必注明原因。例如："4月19，星一，缺席（因搬家）"，"2月9（星三）、11（星五），开市协委会，缺课"，"6月7，星一（上星期因疗疾缺席二次）"，等等。方仲先生严于律己，想必是坚持听课者要有听课的样子，才会这样一丝不苟地自我考勤，他对尊师重道，确实身体力行。

第三，寅恪先生双目失明，讲课极少板书。虽然口语化，依然高度专业化，罕见的词语和专名，往往有之。凡属一时未能听清的字，《笔记》均留空待补，绝不含糊跳过。对特别强调的语气，尤其是年代的推测或确断，则加上圆圈，以示区别。讲课时涉及的非常用汉字，逐一标明注音，郑重其事，力求将寅恪先生"读书先识字"的教言落到实处。

上述诸端，约略地显示了《笔记》的技术性面貌，从中可以看出方仲先生"执弟子礼"的虔诚态度和求知精神。当年他已经四十四、五岁了，集公务和家务于一身，竟能如此"师门立雪"，确实十分难能可贵。

二、字里行间见高明

寅恪先生两门选修课的教材，用的是自编的《两晋南北朝史（高等学校交流讲义）》和已刊的《元白诗笺证稿》（岭南大学铅印线装本）。讲课没有严格按照章节顺序，而是作专题论述，并对原著有所补充和阐述。因此，听讲者如何笔录，往往可于详略之处见高低。方仲先生的《笔记》，反映出他对陈寅恪史学有独到的领悟，其特色是显而易见的。

第一，方仲先生深知，史识是史学的灵魂。在方法论上患贫血症的人，是成不了大器的。因此，他对寅恪先生提示的治学"轨则"，给予特别的关注。例证如下：

（一）1953 年 10 月 26 日笔记：

《资治通鉴》写于十一世纪中晚期，为世界当时最卓越的著作，其《考异》尤其值得注意。

日之不能确定者，置于月后；月之不能确定者，置于年之后；年之不能确定者，置于某纪元某帝之后；仍不能决者，则系于同类之事件后。

（二）1954 年 6 月 10 日笔记：

敦煌佛经写卷有佳者，亦有劣者甚多，字往往潦草。但所有道经没有一个写得不好的，而且整齐之至。此非由佛经卷帙多而道经卷帙少之故。因道经帙数亦繁，只因道经讬为神笔，非好而且整齐者不能也。

（三）1954 年 9 月 7 日笔记：

以诗证事，自宋而大盛，如计有功《唐诗纪事》，但虚伪假造之成分甚多。对于每一诗，应注意：1. 时间先后；2. 空间距离；3. 人事关系。参见《清华学报》刊出的《读哀江南赋》。

（四）1955 年 5 月 27 日笔记：

"按六朝时尚无狐变女人之小说，至唐始有之。狐之故事，乃从印度传来。日本之天狗，即中国之狐狸，称野干、野狐。""五百年前野狐禅，野狐非今日之狐，乃猫身狐头，如日本之天狗。天狗能吃人心肝，小儿最畏。中国翻译为狐狸，乃假借，非。"

第二，方仲先生研治明清赋税制度多年，早已养成善于观"变"的思维惯性。因此，《笔记》对中国古代的典章制度的沿革和社会风习的变迁，只要寅恪先生有所评说，几乎都是点滴不漏，录而存之。例证甚多，下列诸条尤其突出：

（一）1953 年 12 月 7 日笔记：

清谈麈尾，今日本法隆寺仍留有实物。常璩《华阳国志》记此，疑出于蜀。大约由中亚细亚传来，为贵族装饰品之一。当时西域高僧来华，如安世高自称安息国王世子，决非。《高僧传》鸠摩罗什"王子"等，皆自讬高贵，故用麈尾自帜。

（二）1955 年 3 月 2 日笔记：

唐人吃茶法：参《全唐诗》第十四函卢仝卷二《走笔谢孟谏议寄新茶》云：“七椀吃不得也，唯觉两腋习习清风生”，盖有麻醉性。日本茶道，坐禅与茶有关。唐人将茶磨成末，以筅（莺莺致张生书）碾之，故必须放于椀，而不用杯。东坡诗：蟹眼白、鱼眼，乃指水之白泡。此种吃法，刺激性甚大。坐禅不能睡，故需此。今日之开水泡茶叶法，始于明。

（三）1955 年 3 月 18 日笔记：

骠国即缅甸。今缅甸佛教仍为印度小乘巴利系统。“舒难陁”亦为巴利名。元代人名有用梵文——由西藏传来之西藏化梵文，而非由印度传来者。印度文化如从龟兹传来（即印度西北之文化），是佳妙的，如霓裳羽衣舞是。若从骠国传来（即印度南部之文化），殊不妙。观此诗《骠国乐》所用之乐器：铜鼓等，可见。

（四）1955 年 4 月 27 日笔记：

中书起草，门下审核（北朝侍中最贵，因其有否决权。唐武后时犹然），尚书省执行，翰林院待诏。其领班曰承旨。“鸿都客”见《后汉书·杨震传附赐传》。初时翰林只下棋、写字，所谓“雕虫小技”。至德宗时，翰林学士始专任起草重要谕旨，不重要的（如封诰等）专由中书舍人任之。“白麻纸上书德音”，乃指重要纶音而言。

（五）1955 年 5 月 11 日笔记：

时世妆：天宝时浓妆（上阳白发人），贞元中崇尚淡妆（元稹《梦游春》诗），皆受中亚影响。贞元末，啼妆为浓妆，则为吐蕃影响，盖欲于中亚影响之外另出一途也。

第三，寅恪先生虽以个人专著为教材，但讲课绝不照本宣科，而是延伸和扩展原先的精思卓识，现场发挥，犹如神来之笔，给人一种意外的飞动感。方仲先生对此心领神会，录以存真，十分难得。《笔记》的特色在此，教授所记与学生所记的差别也在此。例证：

（一）1953 年 11 月 2 日笔记：

> 儒家大族天字第一号为汝南袁氏，四世三卿。礼法最重丧服，其短长由亲疏尊卑名分而定。此乃维持大宗族集团应有之规定。组织愈严密则集团愈易发展。儒家之必然发展为大族，于此可见。

（二）1954 年 3 月 17 日笔记：

> 《离骚》显然受道教影响。道家之最高境界为天堂，而天堂多在水国，疑与水葬有关。祭水鬼即为神。卢循投水死，乃因天师道崇拜水。

（三）1954 年 6 月 14 日笔记：

> 竹，王羲之子名子猷最爱竹，说"何可一日无此君?"其爱竹当有宗教上之理由，与爱鹅之理由正一样。《真诰》中言竹能益子，晋武帝无子求于竹林，生简文帝。

（四）1954 年 9 月 17 日笔记：

> 南宋楼钥《攻媿集》（武英殿聚珍本）中有许多名人之母均改嫁，经清人修订删改。李易安改嫁似应确有其事。

（五）1954 年 10 月 5 日笔记：

> 六朝人爱长脸，瘦瘦的女人。唐人爱圆脸，胖胖的女人。唐人爱牡丹，宋人爱梅花，故北宋末南宋初出现了伪撰的《梅妃传》。

（六）1954 年 10 月 15 日笔记：

朱竹姹《风怀诗》记其与姨妹冯寿嫦在嫁后私通事，其中有一段谓冯离婚仍处女也。此与其谓杨贵妃仍为处女似有潜意识之关系。

（七）1954 年 10 月 26 日笔记：

道教与佛教的宇宙不同，前者为平面的（九州之外更有九州），后者为立体的（如十八层地狱）。

（八）1955 年 4 月 27 日笔记：

开元之前，唐人多愿为京官而薄外官，至天宝后正相反。因京官（虚估），外官（实估），实际可差甚多。

（九）1955 年 5 月 8 日笔记：

唐代之贪污，武人甚于文人。

（十）1955 年 6 月 10 日笔记：

新乐府五十首诗，为白乐天之政治主张，谓为唐代之社会风俗情况者，尚未免有隔。其主旨为反对用兵，政治抱负也。五十首为一篇文章，不可分开来看。

根据上面的分类摘引，可以看出梁方仲教授的听课笔记详略有度，从中折射出陈寅恪史学善于"发覆"的特色。联想起个人的学缘，1955 年夏季至 1956 年夏季，在金明馆讲席之侧，曾听过寅恪先生的夫子自道："我作研究，用的是大路货，没有什么孤本秘笈。"确实如此，谁想往陈著捞新材料，难免落空。对旧史料作出新解读，令人耳目一新，这才是陈寅恪的真本领。近年屡见学界颇有人片面强调如下的陈氏语录："一时代之学术，必有其新材料与新问题。取用此材料，以研求问题，则为此时代学术之新潮流。治学之士，得预于此潮流者，谓之预流（借用佛教初果之名）。其未得预者，谓之未入流。此古今学术之通义，非彼闭门造车之徒，所能同喻也。"（见《陈垣敦煌劫余录序》）这段有关学术导向的名言，重视新材料但并不排斥旧材料。新材料的发现，毕竟可遇而不可求。"治学之士"不能停工待"料"，其常规状态和积极状态，应当是从旧材料找新问题，力求"发前人未发之覆"，这也同样是"古今学术之通义"，与"未入流"是大异其趣的。如果非给陈寅恪史学下个定义不可，我认为"发覆史学"比"预流史学"更恰切，因为它才最鲜明地显示出陈寅恪史学的本质特征。

三、风雨故人情

梁方仲教授一身正气，对曲学阿世深恶痛绝。在 1958 年那场以"拔白旗"为目标的所谓"教育革命"中，陈寅恪先生横遭口诛笔伐，甚至被加上"误人子弟"的罪名。面对大字报的熊熊烈火，方仲先生不怕引火烧身，大唱反调，一如既往地对寅恪先生"执弟子礼"，表现出正义感与故人情的统一。拙文《学艺散录》对此作过简略的回顾：

> 梁方仲教授对寅恪先生当年的处境，深表同情，他曾在一次小型座谈会上，劝说过青年教师不要乱起哄。从此便有一句梁氏名言不胫而走，即所谓"乱拳打不倒老师傅"是也。在他心目中，没有看或看不懂"寅恪三稿"（指《隋唐制度渊源略论稿》、《唐代政治史述论稿》和《元白诗笺证稿》）的人，是毫无资格七嘴八舌的。这种主张，当然与"在战斗中成长"的号召极不协调，因而梁先生本人，也很快成了"白旗掩护白旗"的活样板，招惹来了对他学术思想的"清算"。

　　1962 年夏季，陈寅恪先生跌断右腿，在中山二医院留医，成了残上加残的老病翁。方仲先生自当年 7 月 6 日至 8 月 22 日，连续四次前往探病，毫不忌讳，毫无疏离。据方仲先生哲嗣承邺世兄透露，梁先生亲口告诉过他："尽管有些人对陈寅恪已经采取'敬鬼神而远之'的态度，我还是认定'敬前贤而近之'的原则不变，更不应变。"金玉之言，落地有声。梁方仲教授的高风亮节，充分证明他作为一位卓越的历史学家，是才、学、识、德全面发展的。

历史人物的后世造影[*]

——陈寅恪的武则天与郭沫若的武则天

开 场 白

历史是人创造的。把历史称为人史，也未尝不可。因此，历史研究必须研究历史人物。现在人文学科简称"文科"，把最重要的"人"字删掉，失魂落魄，导致一般人误解为舞文弄墨的学科。难怪某些用人单位，将文科当做"秘书科"，以为是专门为培养写手而设的。真冤！其实，人文学科是研究人的学科。文科应是"人科"，一定要紧扣住人。以人为本，文科才会有出路，历史研究更是如此。我们要研究历史上各种人物的成败得失，研究形形色色历史幽灵的喜怒哀乐，才有可能"知人论世"。

同一个历史人物，后世的人回忆或评价的时候，往往会出现各种各样不同的影子，对武则天也不例外。今天，我们来讲讲20世纪两位史学大师——陈寅恪和郭沫若，看他们是如何评价

　＊ 本文系 2005 年 3 月 22 日在中山大学历史系学术讲座的讲演纲要。

武则天的。他们对武则天造的是个什么样的影？总的来说，他们造的都是正影而不是倒影，都认为武则天是正面人物。这一点二人相同。陈、郭现在也都成了历史人物，他们在世时为武则天造影，现在我们又来议论他们对武则天的评论，是对他们造影的造影。今天这个影是由我来造的，是"我对陈寅恪、郭沫若评价武则天的评价"。下面，就从四个方面来谈谈陈、郭二人对武则天的评价与看法。

一、陈郭学缘

1961年3月13日，郭沫若来到中山大学，在冯乃超陪同下，到东南区一号二楼（今陈寅恪故居）访问陈寅恪，[1]这是他们第一次见面。他们互相问好，从基本问题谈起。陈寅恪比郭沫若大两岁，陈生于1890年（庚寅虎年），郭生于1892年（壬辰龙年）。郭沫若开玩笑地对陈寅恪说，你属虎，我属龙，今天我们见面是龙虎斗。郭沫若问陈寅恪有何需要，陈寅恪说缺稿纸。为什么陈寅恪这样的人物会向他要稿纸呢？44年前的事，同学们当然是很隔膜的，当时三年困难时期余波未了，粮食供应紧张，稿纸供应更不用说，即使是陈寅恪这样的著名学者也缺稿纸用。既然陈提出了这个要求，中山大学的党委书记自然就想办法给解决了。

同年11月，郭沫若又到中山大学，第二次拜访陈寅恪，并将原来开玩笑的话发展成一副对联："壬水庚金龙虎斗，陈盲郭聱马牛风"。有人认为这副对联是郭沫若出的上联，陈寅恪对的下联。这是误会。对子是郭沫若专门做的，这个我们可以在郭沫若的日记中找到记载。日记今藏中国社会科学院历史研究所郭沫若纪念馆。

在学术上，陈、郭确实有过龙虎斗，发生过冲突，主要围绕以下两个问题：（1）诗人李白的出生地是否在中亚碎叶；（2）清代弹词《再生缘》的完稿地点究竟在云南还是浙江？作者陈端生的丈夫究竟是谁？而在武则天研究上，两人倒没有发生过冲突，大家各作各的文，各评各的史，可以说是风马牛不相及。我们在谈论这两位学者的学术见解时，也要提倡风马牛的精神，坚守两个原则：（1）只谈差异，不讲是非，即只论他们之间见解的不同，对谁是谁非不作评价；（2）只作比较，不作褒贬，避免出现唐代诗人刘禹锡讲的那种倾向："近来时世轻前辈。"在我看来，陈、郭两位尽管各具一格，各有志向，同时，又都是卓有建树，堪称学术上的真"龙"真"虎"。他们已作古多年，"各有清名传海内"（龚自珍语），值得后辈怀念和礼赞。

二、陈氏的武周革命论

陈寅恪对武则天评价很高，在《唐代政治史述论稿》中说："故武周之代李唐，不仅为政治之变迁，实亦社会之革命。"[2]这里的革命是指改朝换代，并非指现在意义的革命。武则天于公元690年废唐为周，封尊号"圣神皇帝"，改年号天授，后又更改年号，先后有如意、长寿、延载、证圣、天册万岁、万岁登封、万岁通天等等。下面说说陈寅恪将武周代李唐视为"社会之革命"的立论根据。

1. 社会阶级在此时发生升降变动：关陇集团开始瓦解，新兴士族替代高门士族。武后的上台意味着新贵族代替旧贵族。

2. 用科举制度选拔官吏，排挤旧士族。科举制虽创于隋代，但其特别得到重视，成为百姓出仕之唯一正途，则始于武则天专政时代。武则天崇尚科举，破格用人，重才干而不重门第，使许多工于诗文的寒门子弟得以跻身仕途。玄宗朝的许多名臣，如姚崇、宋璟、张九龄等人，都是在武则天时期崭露头角的。

3. 府兵制在此时开始瓦解，蕃将（指胡族的军事将领）逐渐取而代之。

4. 宦官势力在此时抬头。陈寅恪最注意的一个宦官是高力士。高力士是在武则天时代被物色出来的，到玄宗朝得势；杨贵妃就是他在贵族中进行一番"普查"后挑选出来的。宦官对唐代后来的政治有很大影响。

旧贵族的衰落，新贵族的兴起，科举制的崇重，府兵制的破坏，都起于武则天时代。她的一些措施为半个世纪后的开元盛世打下了基础。因此，武周代李唐是一场政治革命，"较李唐之代杨隋其关系人群之演变，尤为重大也"。[3]

但还有一个问题必须搞清楚，就是当时的人对武则天的这一套改革买账吗？现在有没有留下什么遗迹，能说明武则天的政令通行全国，为当时人所接受？遗迹是有的，不过只见于碑刻：即刻在石碑上的武则天时期公布的 19 个新字。武则天曾经创制了一些新字，如曌（照）、圀（国）等。在长安洛阳发现这些新字不奇怪，不能说明什么问题，但如果在穷乡僻壤也用上新字，则证明当时人对武则天的政令是买账的。清代有位著名的金石学家叶昌炽写了一部《语石》，就专门研究了有新字的石刻的分布情况。经过他的调查，在新疆东部、敦煌、广西、云南、广东罗定等地，都发现了这种石刻；从其使用的普遍情况，证明武则天的政治影响已伸展到全国各个角落。

三、郭氏的文史双重造影

郭沫若所造的影是双重的，第一重是历史剧，第二重是历史研究。

1959 年，郭沫若到河南洛阳龙门石窟游览，得知武则天捐了二万贯脂粉钱修龙门石窟，使龙门石窟成为中国石窟佛寺艺术最为集中之地。郭沫若认为武则天做了一件好事，深受感动，产生了创作念头。1960 年，他写了历史剧《武则天》，发表在《人民文学》上，经过不断的修改，于 1962 年定稿。此剧后来由北京人民艺术剧院承担演出，演到第一百场时，周总理前往祝贺。这个剧本是从戏剧艺术上为武则天造影。

在写历史剧的同时，郭沫若还做了大量历史研究，将唐代文献中有关武则天的十四段重要资料作了考释，写了三篇专题论文。此外，还写了一篇文章《我怎样写武则天》，专门说明他如何处理艺术形象与历史人物之间的关系。他给武则天造的也是正影。郭沫若认为武则天执政时期是唐代的极盛时期，海内富庶，政治文化也达到相当高的水准，许多文人学士都是此时培养出来的。他认为武则天发展了唐太宗的贞观之治，为玄宗的开元盛世奠定了基础。其推行、维护均田制，遏制土地兼并，打击豪强，得到了农民支持，农民"保卫均田思武后"，说明当时繁荣稳定的局势与武则天维护均田制是分不开的。

历史剧和历史研究不同，史剧创作要以艺术为主，科学为辅；而史学研究恰恰相反，要以科学为主，艺术为辅。武则天既是艺术形象，又是历史人物，郭沫若对其进行双重造影，是有区分的，不能混为一谈。

在武周政权的社会基础这个问题上，陈寅恪注重新兴社会集团，郭沫若注重均田制，这是他们在对待武则天功业上的差异。

四、"私德"异议

"私德"即其私生活，无论谁讲武则天，此问题都无法回避，历代对武则天议论最多的是她的"男宠"。武则天的男宠太多，成为大家议论的一个焦点。据文献记载，武则天的男宠有薛怀义、张昌宗和张易之，这三人是武则天自己找来的；还有两个：一个是别人推荐的，一个是自荐的，都只是提名而已，实际没有到位。

陈、郭二人在此问题上造的亦都是正影，只是说明问题的角度不一样？郭沫若认为武则天起用薛怀义时已 62 岁，起用张氏兄弟时已 76 岁，从年龄、生理角度来说，是不可能有男宠的，他认为这是后人有意攻击武则天，往她脸上抹黑。这是立足于生理分析。郭沫若是学医出身，后来才弃医从文，这难免就给他留下一个医学情结。他在给历史人物造影时，喜欢给历史人物"看病"：用他的医学知识来分析历史人物。例如，武则天的丈夫唐高宗身体一直不好，经常头晕眼花。古代治疗头发胀要放血，就是在头上扎针，流出些许的鲜血。武则天反对给唐高宗放血，有人认为这是武则天希望唐高宗快点死。后来唐高宗还是给扎了一针，结果手术后三十天就死了。郭沫若认为这是由于扎针时，针没有事先消毒，导致染上破伤风所致。又如他对李白、杜甫之死的分析。史书记载李白死于"腐胁疾"，郭沫若认为是酒精中毒引发肺胸脓肿而死。杜甫于公元 770 年夏死于湖南耒阳，据新旧

《唐书》记载，说他是吃了"牛炙白酒"，"一夕而卒"。于是，郭沫若便认为他是食物中毒而死。因为夏季牛肉容易腐败，喝了酒更加速了毒素在血液中的循环，这足以致命；毒发时间一般是在食后 24 到 28 小时，杜甫也刚好对得上号（参看郭沫若《李白与杜甫》）。历史工作者对某一专门知识如果特别了解，在研究时就有可能打上这一方面知识的烙印。这是不奇怪的。

陈寅恪主要是从唐朝的礼制中去寻找原因。他认为，武则天的身份是皇帝而不是太后，皇帝就要有皇帝的排场，男皇帝一般都有许多后妃，"后宫佳丽三千人"；武则天是女皇帝，男宠不过三五个，是"区区而已"。武则天还是很有克制的，只找了几个，没有找很多。

根据以上四个方面的探讨，可以归纳为：陈、郭二人对武则天造的都是正影，是将她作为正面人物，肯定她的功绩，只是路数不同，表现在：

1. 关于武则天功业的评价，郭沫若采用的是阶级分析法，认为支持她的是均田制农民；陈寅恪采用的是集团分析法，认为支撑武则天政权的是新兴士族。

2. 关于私德的评价，郭沫若着眼于年龄、生理来分析，陈寅恪则着眼于礼制和皇帝的身份。

注释：

[1] 郭沫若主要是就《再生缘》的研究拜访陈寅恪。按陈寅恪的名著《论再生缘》写于 1950 年，当时并没有公开发表，只刻印了 30 份，其中有两份流传到了海外。后来有议论从海外传进来，说这本书不得出版，郭沫若得知后就找了一份来看，大受启发，从此也开始研究《再生缘》。郭沫若将《再生缘》读了四遍，写了九篇论文，还为弹词作者陈端生写了一个年谱。其时郭沫若已差不多 70 岁了，在那样高龄的情况下还能投入巨大的精力来研究《再生缘》，并不是为了消遣。陈寅恪认为《再

生缘》是中国的史诗，将其提到了与印度、希腊史诗同等的地位。对此，郭沫若表示赞同，并肯定了陈寅恪的功劳："《再生缘》之被再认识，首先应归功于陈寅恪教授。"对《再生缘》，是陈寅恪先探讨，郭沫若再研究。

〔2〕〔3〕陈寅恪：《唐代政治史述论稿》，上海古籍出版社，1997年，页18。

中外交通史上的胡商与蕃客[*]

在古代中外交通史上，胡商、蕃客是奔波在海陆两路的两大商业群体。无论交通工具、商品结构还是贸易方式，都是各有特色的。全面探讨这些问题，尚待群策群力。下面的话，只是个人的一些浅见，供诸位研修时参考。

从讲题说起。为什么要讲这个题？在中外交通史上有很多可讲的，如国与国之间的通使、传教、贸易等。现在讲的胡商与蕃客都是与商业有关的，交通怎么出来的？交通起源于交换，历史上的交换由近到远，民族间、国家间，有些东西非交换不可：如渔区与牧区，如盐的交换等。一有交换，就必定有交通。没有交通怎么交往？所以交通起源于交换。承担交换的是商人，商人的功能体现交换。中国对外交通史上，有海、陆两道。陆路上从西北出去，历史上称"西域道"，即"安西入西域道"；海路上从南方出去，史称"南海道"，即"广州通海夷道"。现在更流行的说法，则叫陆上和海上的"丝绸之路"。用"丝绸"来命名，是象

---

* 本文系 2005 年 5 月 9 日在广州市文博研修班的讲课纪要。

征性的，不是实质性的。

两道的载体是什么样的人群？陆路上，是胡商；海路上，是蕃客。胡商、蕃客构成一对"关键词"，对认识中外交通史很要紧。"一对"与"两个"不同，"一对"有不可分割的联系。关键词之所以关键，因与一般词不一样，有两个特征：第一，关键词有指示性，指向何方？指向事物的性质。第二，关键词有关联性，不是孤立的，指向历史联系。

胡商与蕃客是中外交通史上的一对关键词。下面分别讲讲这两个群体的民族构成和经济特征。

一、胡　商

"胡"经历了由东到西的变化。最早指匈奴，本是汉人对匈奴的专称。后来"胡"也用在西方的民族，称西胡。中国西部除了"胡"这一块外，还有一块，就是"印度"。六世纪以前，对西部民族都叫"胡"，隋以后，印度归印度，称"梵"；胡归胡，"胡"主要指波斯和粟特。这些都是汉语称谓，汉人将其看作"胡"，非他们自称。中外民族隔阂，听不懂异族语言，就埋怨"胡说八道"、"胡言乱语"。胡人有胡貌，深目、高鼻、多须。可参看王国维先生的《西胡考》、《西胡续考》，收在其《观堂集林》第十三卷。

胡商，胡人经商就叫胡商。商胡，经商的胡人，意思一样。他们到中国行贾，故也称"贾胡"。又称"兴生胡"，以经商为生计的胡人。在新疆吐鲁番出土文书中多称"兴生胡"。"兴生胡"之称东汉（后汉）已开始。从西域入中国经商，是远程贸易，商品结构复杂，用骆驼、马驮运宝石、香料、毛织品。回头货最贵是丝绸。此物最适合远道运输，因体积小、重量轻、价值高。马克思在《政治经济学批判》中早已指出中世纪内陆转运贸易的特殊性了。当时仅中国一家生产丝绸，不会轻易放行。陆路"关市令"，规定不准丝绸外销；海路的"市舶令"同样规定不准丝绸运出。兴生胡的组织形式是商队，唐史称为"兴胡之旅"。三五个人不敢上路，长途贸易结成商队，沿途需宿营、护卫，防止强盗抢劫。商队不可群龙无首。据现存的文献可知，由若干个小商队推举商首，又称"商主"。到目的地后，各个小商帮要亮相，"斗宝"，看谁带的货物价值高。

关键词有关联性，与另一名称"贡使"相关联，胡商来与中国打交道，单纯做生意不易，有一空子可钻，就是借名朝贡。胡商冒充贡使，史上大有人在。冒充的与正式的有何不同？如何识别？可看其有无带"贡表"，有则真，无则是冒充的。贡品不是一般的商品，而是以礼品为形式的特殊商品。必须把商品包装成礼品，才与冒充贡使相符。想研究胡汉关系中的商品交换，就应研究贡品，没有单纯的商品可去研究。从贡品入手，从形形色色的贡品去认识商品结构的多样性，才会明白"以贡为名"究竟是怎么一回事。这是中世纪的国际贸易与后代贸易的重大差别。

二、蕃　客

海路，"广州通海夷道"，以广州为起点。

蕃客，"蕃"与"番"是相通的。南越王墓砖有"蕃禺"（即番禺）字样。后来"番"字用在洋人身上，称"番鬼"，如《广州番鬼录》。海上活动的运输工具与陆路靠畜力不同，用"舶"。古代海舶不是机动船，动力主要靠印度洋的季候风。若从波斯湾一带出发，夏季乘西南风来。从波斯湾到广州一般要三个月，单程。故此蕃客到后要住一段时间等东北风返回，暂住候风称为"住唐"。为便管理，岭南都督府划一地段来做蕃商的社区。在广州称为"蕃坊"，现今以怀圣寺光塔为中心的那片街区，即为唐宋时期的蕃坊。蕃坊的管理者由政府任命，称"蕃长"，多由阿拉伯商人担任。住唐的蕃人有一部分人与附近居民通婚，所生之子，叫"土生蕃客"（如现在之澳门有"土生葡人"）。此为西域胡商与南海蕃客的第一个区别：有无蕃坊。至于胡人聚落与蕃坊有什么差异，诸位不妨自行比较。

第二个区别：礼仪。蕃客返航，在十、十一月。文献记载，农历十月市舶司在珠江岸边的海山楼设"市舶宴"钱行。那时珠江很宽，一直到今天的北京南路。在市舶宴上，有艺人来演唱"乐语"。宋代洪适的《盘州集》卷六十五保存有当时的"乐语"。此为西域胡商未曾有之待遇。这是南海贸易的季节性决定的，陆路没有季节性的贸易。

讲到广州蕃坊，有一位代表性人物辛押陁罗。他出任广州蕃长，时在北宋，11世纪。其故乡在波斯湾口，今阿曼苏丹国。"阿曼"是现在的译名，古人译为"瓮蛮"。作为蕃长，对促进广州的市舶贸易有贡献，宋神宗封其为"归德将军"。《辛押陁罗归德将军敕》的起草人是苏东坡。辛押陁罗为粤方言译名，词义长期未得以解决。1991年，阿曼文化大臣访问广州，在东方宾馆接待他。他回顾了此段历史，提及辛押陁罗在阿拉伯文的名字：谢赫·阿卜杜拉，意即"阿卜杜拉长老"，与其作为蕃长的身份一致，"谢赫"拼读为"辛"，"阿卜"为"押"，"杜"为"陁"，"拉"为"罗"，即"辛押陁罗"。当时包括辛押陁罗在内的蕃客带什么来广州贩卖？主要为乳香、胡椒和南海贵重木材。蕃客由海舶带进的印度洋与波斯土特产，古代文献称"舶上来"。"舶来品"即起源于此。陆路贸易与海路贸易的一大不同是：陆路多带奢侈品，海路则既有奢侈品也有日用品。海舶载重量比骆驼大得多，才可带日用品。大量蕃商在广州出现，舶来品涌入后促进了新行业在广州的兴起，愿今后有人对此进行研究。这些新行业，依我读书所见，至少有下面四种：

1. 和香人。香料需多种混合，即"和"。宋代留下很多香料配剂——"和香方"，包括"辛押陁罗和香方"，可惜还没有人去分析它的成分和用途。

2. 解犀人，分割象牙和犀角。为什么广州象牙雕刻精美，可能与此渊源甚深。

3. 译人，在宋代有一专门称呼"唐帕"。

4. 舶牙，即蕃商舶来品的经理人，也是近代买办的前身。

海外贸易对当地社会结构有何影响？应关注在社会生活中如何促进新行业的兴起。市舶史、香料史与社会史相结合，是大有可为的。

顺带讲一个历史的遗憾。宋代赵思协《广州市舶录》，三卷，记载广州海外贸易，可惜失传了。现在只有《海录碎事》引了其中的五条，仅这五条存世。这里只讲其中一条，形容广州的舶市很旺，收入很高："金山珠海，天子南库。"清初番禺人屈大均的《广东新语》亦引此语，今人多忘其出处了。

上面这席话，介绍中外交通史上的胡商和蕃客，都是讲人。"历史的主题是人"，这是英国著名历史学家吉本的话。因为历史的主体是人，故历史学的主题自然也是人，不止西方的历史学家有此类观点，马克思主义史学的奠基人恩格斯亦曾说过"有了人，我们才有了历史"。历史的主体是人，但研究历史上的人可不容易，资料性问题不是真难，真正难在：第一，古今存在三重距离：时间距离、空间距离、心理距离，构成历史研究的困难。第二，不知大家觉察或意识到没有，历史总是"外行"议论"内行"。比如研究海关、农民战争、西医入华的人，并不曾从事过海关工作，参加过农民战争，或懂西医，"吃历史饭"注定是外行议论内行，只能通过用间接经验补直接经验的不足，经常地、大量地、有效地吸收间接经验。这个职业包含很大危险性，搞不好容易夸夸其谈，故需谨慎，需经常补课。就算一个课题完成了，也只是毕其功而不等于毕其业。历史研究没有一次性的知识准备，要自觉地、经常地吸收间接经验，才可缩短"外行议论内行"的距离，否则，口才再好，文笔再好，也只是"隔靴搔痒"。

中外交通史须避免两个倾向：第一，见路不见人；第二，见物不见人。贩卖的商品，出土的文物，研究其造型固然重要，更重要的是研究其功能，只有注意到功能，才可通向人，通过物来认识人。

在座诸位大多出身历史学专业，现从事文博工作，同行不同岗。讲几句共勉的话：历史学者研究历史，从文献研究人；文博工作者，从文物研究人，殊途同归。

宋代舶来品"海井"和"冷瓶"引发的思考[*]

一、市舶贸易的商品结构

唐宋时代的南海贸易，以海舶为运输工具，进行季节性和国际性的商品交换，通称"市舶"。濒临南海的广州，是市舶制度的发源地，也是舶来品的集散地。正如《大德南海志》卷七所说："广为蕃舶凑集之所，宝货丛聚，实为外府。"宋元之际的广州"舶货"，来源复杂，品种繁多，被分为八大类：宝物、布匹、香货、药物、诸木、皮货、牛蹄角、杂物。这些舶来品大多数是原生态的土特产，从总体上反映出市舶贸易的商品结构。除此之外，舶来品中还包含某些海外"奇器"，为中土所未闻，尤其值得注意。所谓"海井"和"冷瓶"，不见于正史，仅在宋代诗文中略有记述。下面对其性状和功能试作探讨，旨在促进古代海舶航行生活的研究。

---

* 本文系 2008 年 6 月 21 日在"中西交通与文明网络"研讨会上的报告提纲。

二、"海井"——咸水淡化器

"海井"传世的旧闻，出自周密（1232—1298年）的《癸辛杂识》续集上，照录如下：

> 华亭县市中有小常卖铺，适有一物，如小桶无底，非竹、非木、非金、非石，既不知其名，亦不知何用。如此者凡数年，未有过而眦之者。一日，有海舶老商见之，骇愕，且有喜色，抚弄不已。扣其所值，其人亦龃黠，意必有所用，漫索五百缗。商嘻笑偿以三百，即取钱付。龃因扣曰："此物我实不识，今已成交得钱，决无悔理，幸以告我。"商曰："此至宝也，其名曰海井。寻常航海必须载淡水自随，今但以大器满贮海水，置此井中，汲之皆甘泉也。平生闻其名于番贾，而未尝遇，今幸得之，吾事济矣。"

华亭县位于松江下游，其西北的青龙镇，商业繁盛，为南宋时期蛮商舶贾所聚之地。"海井"与杂货混在一起，当与此背景有关。这件能化海水为甘泉的奇器，"非竹、非木、非金、非石"，究竟是什么质料的东西呢？据晚唐笔记《酉阳杂俎》前集卷十七记载，作者段成式曾从"梵僧普提圣"获得这样的海外奇谈：

> 井鱼，脑有穴，每翕水辄于脑穴蹙出，如飞泉散落海中，舟人竞以空器贮之。海水咸苦，经鱼脑穴出，反淡如泉水焉。

据此，似可推想，那件"如小桶而无底"的海井，很可能是井鱼的脑穴，具有化咸为淡的功能。它被器物化之后，未曾"闻其名于番贾"的市井之民，当然不知其何质、何名和何用，等到识货的"海舶老商"作出鉴定，这才真相大白。

三、"冷瓶"——热水冷却器

宋代诗人文同的《丹渊集》卷九，有一首名为《冷瓶》的五言诗，共 28 句，详述自己与一件舶来品的因缘：

> 海南有陶器，质状矮而矬。
>
> 云初日炙就，锻铄不似火。
>
> 水壶丑突兀，酒瓶肥磥碢。
>
> 山罍颈微肿，石鼎足已跛。
>
> 圆如鸱夷形，大比康瓠颗。
>
> 华元腹且皤，王莽口何哆。
>
> 蕃胡入中国，万里随大舸。
>
> 携之五羊市，巾匦费包裹。
>
> 侏儒讲其效，泻辩若炙輠。
>
> 课以沸泉沃，冰雪变立可。
>
> 炙敲疗中渴，其用岂么么。
>
> 君凡几钱得？不惜持遗我。
>
> 曾将对佳客，屡试辄亦果。
>
> 勿云远且陋，幸可置之左。

这个其貌不扬（体圆、颈肿、足跛、质粗、色暗）的"丑"水壶，随"蕃胡"漂洋过海，由文同的友人在"五羊城"（广州）购得，馈赠于他。经"屡试"证实，此陶器具有使热水变凉的功能，可供款待"佳客"之用，难怪文同津津乐道了。

四、南海舶的饮用水问题应纳入"海洋历史人类学"

古代海舶的航行生活，至今还缺乏系统的专门的研究。舶人的饮用水如何供应，尤其是悬案中的悬案。海水的平均咸度为千分之三十五，咸苦不能下咽。任何舟师海客，一旦淡水枯竭，就会死难临头。据慧皎《高僧传》卷三载，中天竺僧求那跋陀罗，于刘宋元嘉十二（435）年，从斯里兰卡"随舶泛海"来广州弘法，"中途风止，淡水复竭，举舶忧惶"，幸遇"信风暴至，密云降雨，一舶蒙济"。靠雨得水，毕竟是可遇不可求的偶然性。舶上淡水的汲取、储备和保鲜，才是常规性的措施。宋代舶来品中的"海井"和"冷瓶"，一能化咸为淡，一能降热为冷，也许可以作为历史标本，供后人去揭舶上饮水之秘，并为海外交通史提供人类学的观照。

古代海舶在惊涛骇浪中漂洋过海，反映出人类为扩大生存空间的壮举和冒险精神。其艰巨性、复杂性和神秘性，完全足以引发出一门"海洋历史人类学"。惟此事体大，起步维艰。在海洋学、历史学和人类学的交叉点上，古代海舶的航行生活，成了当务之急的研究课题。时至今日，舶人生活中的一系列问题，如淡水供应、海难救护、疾病防治，等等，几乎都是待解之谜。尽管"海丝"（"海上丝绸之路"的简称）已被热心人炒起来了，历史上可歌可泣的"海事"内幕却依然有待于素心人去发覆。套话易说，新知难求，真是令人望洋兴叹。

尼姑与中国文化

历史上的尼姑，被置于"三姑六婆"的首席，长期受到歧视、笑骂和损害。其实，这个女性的弱势群体，不仅出家后含辛茹苦，而且对尘世老家，也作过值得重视的文化奉献。读史求识，事出多门，也可于佛门中求之。

——题记

尼姑是一种社会现象，又是一种文化现象。无论对佛教文化还是世俗文化，历史上的尼姑，都不是无所作为的。和尚出了那么多高僧，难道尼姑群中就没有佼佼者？带着这个问题去翻检群书，果然也找到若干湮灭未尽的事例，下面就援以为证，列举尼姑对中国文化作出贡献的一笔粗账。但愿不至于有人误会，以为故纸堆里可以捡来废料，随心所欲地将尼姑庵粉饰成文化宫，则幸甚，幸甚。

一、纺　织

男耕女织是中国农业社会的传统分工，汉化佛教的寺院生活，也被打上相应的烙印。唐代中期的怀海禅师，在江西百丈山首倡"一日不作，一日不食"的新风尚。到了宋代，寺院出现更多修持与劳作相结合的"农禅"。至于尼寺，也有织造和绣作，并不是单纯靠布施度日的。汉化的尼寺，没有照搬那些不合中国国情的印度戒律，如不准尼姑"自手织纺"，不准尼姑"学世俗技术以自活命"[1]等等。因此，在印度为戒律所不容的"佛门织女"，却能在中国社会大显身手。这是中国尼姑"以华情学梵事"[2]的一大创造，值得大书特书。

北宋汴京（开封）的相国寺，每月五次开放交易，"两廊皆诸寺师姑卖绣作：领抹、花朵、珠翠、头面、生色销金花样、幞头、帽子、特髻、冠子、绦线之类"。[3]真是琳琅满目，美不胜收。女诗人曹希蕴写过一首《赠乾明寺绣尼集句》，颇有意趣："睡起杨花满绣床，为他人作嫁衣裳。因过竹院逢僧话，始觉空门气味长。"[4]直到清朝末年，这种"绣尼"依然没有绝迹。据《点石斋画报》载，湖北汉阳西门外教场旁的碧莲庵，"多选幼尼；日以针黹为事，描鸾刺凤，手不停挥"。她们的绣品，名传远近，被誉为"方外针神"。更加引人注目的是，作为"佛门织女"的尼姑，靠灵巧的双手，在中国纺织工艺史上，默默地创出三种名优产品：

第一，莲花纱——莲花寺尼姑创制的优质轻纱。正宗的称"寺内纱"，仿造的称"寺外纱"。其产销情况如下："抚州（江西临川县）莲花纱，都人以为暑衣，甚珍重。莲花寺尼凡四院造此纱，撚织之妙，外人不可传。一岁每院才织近百端，市供尚局并数当路，计之已不足用。寺外人家织者甚多，往往取以充数，都人买者，也自能别寺外纱，其价减寺内纱什二三。"[5]北宋宫廷设六尚局，其中"掌衣服冠冕之事"的尚衣局，将莲花纱尽数收购，仍不敷用，往往又向别的尼寺下达生产任务："每遇造作，皆委之闾巷市井妇人之手，或付之尼寺，而使取值焉。"

第二，宝阶罗——浙江山阴县大庆尼寺，善织的群尼聚居于西侧显教院，"皆以织罗为业，所谓宝阶罗者是。""宝阶罗"又名"宝花罗"，是宋代著名贡品："越贡宝花罗者，今尼院中宝街是也。"故又称"尼罗"。[6]

第三，姑绒——甘肃兰州是毛纺之乡，当地生产的细软毛绒，原出尼姑之手。正如"尼罗"一样，这种名产也冠以"姑"字，称作"姑绒"。"兰州所产，惟绒毲最佳。择羊毛之细软者，纺线斜纹织之为绒，毛之粗者亦以线织之为毲也。自昔兰多比丘尼，静修余暇，采择轻柔，制成佳织，裁服同皮裘之用，御于霜雪之辰，温厚光匀，洵为名产矣。故其尤细者，旧驰姑绒之称焉。"[7]明代的贵族，选用姑绒作衣料，成了风靡一时的高级消费。到了清初，满洲贵族崇尚皮裘，姑绒才声价日跌："大绒前朝最贵。细而精者谓之姑绒，每匹长十余丈，价值百金，惟富贵之家用之。以顶重厚绫为里，一袍可服数十年，或传于子孙者。自顺治（1644—1661）以来，南方亦以皮裘御冬，袍服花素缎，绒价遂贱。今最细姑绒，所值不过一二十金一匹。次者八九分一尺，下者五六分而已。年来卖者绝少，贩客亦不复至，价日贱，而绒亦日恶矣。"[8]

自宋迄清，中国的纺织工艺有三大名产出自尼姑之手，说明尼姑群中同样蕴藏着有利于国计民生的技术资源。那些来自尘世的"女红"和"妇功"，并未在空门中遭到闲置。"寄生"云云，岂能一概而论哉！

二、烹　饪

社会生活有僧、俗之分，饮食文化也有荤、素之别。唐代寺院的素食，不外是寺粥、胡饼、馄饨、果子之类。[9]到了五代，才变简为繁，使尼姑有机会大展身手。像和尚一样，尼姑也应清斋素食。但是，口腹之欲，难以克制，终究是人之常情。既要守戒，又想开胃，怎么办呢？只好从素菜的花色品种上精益求精，"有时故仿豚鱼样，质不相混色乱真"。[10]因此，尼姑群中出现一代名厨，就不足为奇了。五代有个名叫梵正的尼姑，学成一手烹调绝技。她能用各种干鲜食品，配色制作拼盘，合20盘而成诗人王维"辋川别墅"[11]的模型。像这样把烹调技术与盆景艺术结合起来，集口福与眼福于一盘，堪称中国饮食文化的创举。

明朝末年，宫廷有一种名为"窝丝糖"的御食，"其形扁，面有二掐若指掐者，吃之粉碎散落，皆成细丝"。明亡后就罕为人知了。唯一传其秘法的，是北京西山一位当过宫女的老尼姑，每年上元节（元宵），她特别精制此糖，馈赠施主。

现代的爆炒米花，清代称为"兜凑"，也为尼姑所首创，用于每年岁末馈赠施主，作为闲食，兼寓"发达"之意。"女尼以秫（高粱）之圆绽者，熟而悬之风，爆之于釜。表面皆透，大倍于粒而洁白如雪，名兜凑。馈之檀施，有厚赍。"（王韬：《瀛壖杂志》）

清代学者钱泳，对佛门女弟子在"治庖"方面的创新，作过肯定的评价："近人有以果子为菜者，其法始于僧尼家，颇有风味。如炒苹果，炒荸荠，炒藕丝、山药、栗片，以至油煎白果，酱炒核桃，盐水煮花生之类，不可枚举。"[12]钱氏卒于道光二十四年（1844），可知"僧尼家"的素食异品，鸦片战争前已在社会上扩散，为传统食谱续新篇了。近代"功德林"（上海）、"菜根香"（广州）之类的素餐馆，[13]其美食名目也许有部分可以到尼姑香积厨去"寻根"，不知"美食家"朋友有没有一考究竟的"历史癖"？

三、美　容

爱美是人之常情，尼姑并不例外。在这方面，她们同样有所作为。唐代后宫一种著名化妆品，就是成都尼姑发明的："西蜀有尼造补鬓香油，本州进之，宫中谓之'锦里游'，乃幸蜀之谶。"[14]此物既被地方官选作贡品，则西蜀尼是制香油的能手，也就可想而知了。

至于美容术，尼姑无发可饰，但在眉上仍可下工夫。"恪遵禅心不画眉"的训诫，对想扮靓的小尼子是没有约束力的。宋代"范阳（河北大兴县）风池院尼童子，年未二十，浓艳明俊，颇通宾游。创作新眉，轻纤不类。时俗人以其佛弟子，谓之'浅文殊眉'"。[15]这种素净的打扮，美而不俗，很合乎"尼童子"的身份。在我国，画眉之风，由来已久。到了唐代中期，钦定眉样共有十种："唐明皇令画工画十眉图，一曰鸳鸯眉，又名八字眉；二曰小山眉，又名远山眉；三曰五岳眉；四曰三峰眉；五曰垂珠眉；六曰月棱眉，又曰却月眉；七曰分梢眉；八曰涵烟眉；九曰拂云眉，又名横烟眉；十曰倒晕眉。"相形之下，"浅文殊眉"的出现，可说是异军突起，难怪这么引人注目了。它以"浅"为特征，发扬唐代妇女"淡扫蛾眉"的美容新风，更加适应宋人追求"淡雅"的审美趣味。

四、剪　纸

　　妇女剪纸，是传统的民间工艺之一。形形色色的纸样，可以美化居室，装饰礼品，广泛应用于各种喜庆活动。此风在佛门也颇盛行。清代苏州的尼姑，每逢端午节大剪彩笺，分赠施主：

> 尼庵剪五色彩笺，状蟾蜍、蜥蜴、蜘蛛、蛇、蚿（蜈蚣）之形，分贻檀越，贴门楣、寝次，能魇毒虫，谓之"五毒符"。[16]

我们虽然看不到这些尼剪彩笺是什么样子，但从明清两代"苏州样"的盛誉，不难推想它是精巧悦人的。在艺术中，动物比植物更难表现。有本事剪"五毒符"的尼姑，相信也会剪出"五朵金花"来的。

五、刻　经

　　汉文佛教典籍，分经、律、论三部，简称"三藏"。经历代汇编为《大藏经》，传世的版本共十余种。其中两大名刻，即"赵城藏"和"碛砂藏"，都有尼姑的劳绩。

　　金代潞州（山西长冶）尼姑崔法珍，在大定十八年（1178）印经一藏，献给朝廷。过了三年，又把经板运到北京，收贮于弘法寺。为表彰她献藏经和板片的赤诚，金世宗赐给法珍紫衣和"宏教大师"的荣誉称号。这在当时是非常体面的。该藏经以在山西赵城县广胜寺发现的本子卷数最多，故被称为"赵城藏"。我国正在陆续编印的《中华大藏经》，就是用法珍尼创刻的"赵城藏"为基础的。

另一部著名藏经叫"碛砂藏"，刻于南宋中期，地点在江苏吴县的碛砂洲延圣院。此经耗资巨大，是由比丘尼弘道"断臂"发愿，向民间募刻的。到这套佛学大丛书粗具规模的时候，她已经劳累奔波 30 年了。伤残了肢体，奉献出青春，弘道尼的信念和毅力，足以为佛门增光，也令庸夫俗子汗颜。

此外，尼姑对著名的"房山石经"也有不少贡献。北京市房山县石经山，共镌刻佛经 1100 多种，15000 余石，尼姑结社集资，牵头刻经者大有人在。例如，唐贞元十四年（798），"蓟县招贤乡平村院主尼净空合村人同造石经一条"；元和十一年（816），"功德主比丘尼自正镌造此经"（《佛说八阳神咒经》），等等。[17]

六、书　法

写经是一项重要的佛事。自 5 世纪初东晋的德佑和尚写《戒经》开始，历代僧尼都致力于此，视为一大功德。抄写佛经的宗教活动，主观上是表示对佛的虔诚，客观上则促进经籍的流通和"经书体"书法艺术的发展。因此，又是佛门的一项文化事业。

本世纪初从敦煌石室中发现大量手写的经卷，其中也有尼姑的作品。公元 558 年，北周的比丘尼天英"为七世师宗父母，法界众生，三途八难，速令解脱，一时成佛"，敬写了《大集经》和《楞伽经》各一部。现存的麻纸真迹，共 469 行。用笔沉稳，端庄而不呆滞，字里行间散发出 1400 年前尼寺里的文化气息。

明朝末年，金陵有两名尼姑，都是以能书为人所知的。

尼妙慧，俗名马如玉，入栖霞寺祝发，遍游名山，后来在莫愁湖上建庵修道。她"无儿女子态"，善小楷及"八分书"（新体隶书），博得当时知识界的好评。

尼慧月，俗名徐翙，出家前曾为妓，"众以翙若惊鸿目之"，故又字"惊鸿"。她的书法，也像她的仪态一样惊人："书能左右手正反双下，不失丝毫，称为绝技。"[18]300多年后的今天，某些旅游区的宾馆，偶或有人出来献艺，无非也是"左右手正反双下"那一套，却自诩为"书林一绝"，未免数典忘祖了。

清代中期，也有尼姑因工书而名传后世的。尼慧真，俗姓黄，字惠珍，居无锡西延寿庵，年18岁，"工楷法，兼能作擘窠大字，结体严整，运笔坚凝，无闺阁柔脆态"。

七、修 桥

宋代文人金盈之写过一篇《僧化结路建桥疏》，有句云："直须高架横桥，庶得同登彼岸"。在佛徒心目中，修桥造路，方便行人，是惠及百代的无上因缘。因此，佛门徒众，无论男女，都乐于参与这类善举。历代尼姑为此做过多少好事，已难详知。湮没未尽者，似乎就剩一条天威军石桥了。此桥又称"七里涧石桥"，位于河北省井陉县石桥村，是一座敞肩石拱桥，跨度约13公尺。它是太原栖息院尼姑赵善慈与邑人李宣倡捐兴建，辽阳石匠张安施工，进士马宜之作记。时在北宋元丰八年（1085），距今已经900多年了。[19]

八、拳 术

女侠式的尼姑，在唐代已经出现。裴铏记述过一位精通剑术的尼姑，如何在深山老林培训少女聂隐娘，让她用匕首去刺杀

“无故害人”的大僚。清初著名作家蒲松龄，也写下有关尼姑拳勇之技的文字。事情发生在济南：有个拜托钵僧为师的李超，以武艺名，遨游南北，想不到却败在一名街头卖艺的少尼手下：

尼告众人曰：“颠倒一身，殊觉冷落。有好事者，无妨下场一扑为戏。”如是宣言者三，众相顾，迄无应者。李在侧，不觉技痒，意气而进。尼便笑与合掌。才一交手，尼便呵止曰：“此少林宗派也。”即问：“尊师何人？”李初不言，尼固诘之，乃以僧告。尼拱手曰：“憨和尚尔师耶？若尔，不必较手足，愿拜下风。”李请之再四，尼不可。众怂恿之，尼乃曰：“既是憨师弟子，同是个中人，无妨一戏。但两相会意可耳。”李诺之。然以其文弱，颇易之；又年少心性喜胜，思欲败之，以要一日之名。方颉颃间，尼即遽止。李问其故，但笑不言。李以为怯，固请再角。尼乃起。少间，李腾一踝去，尼骈五指下削其股；李觉膝中如中刀斧，蹶踣不能起。尼笑谢曰：“孟浪迕客，幸勿罪！”李舁归，月余始愈。[20]

可知，在佛门拳术的传承中，尼姑也据有一席之地。

九、办　学

在近代新潮流来临之际，江南尼众中涌现出一位佼佼者，她的名字叫“诚修”，事迹如下：

扬州明月庵有田数十亩，女尼颇足自给。有诚修者主庵事，梵呗之暇，辄以兴学为念。言于某绅，愿以庵屋改女校，仅留西楹三椽为奉佛长斋之所；且以田租所入充常年经费，并任校长。某绅允之。及女校成立，诚修为之管理，规

> 则严肃，遐迩称之。且于治事、奉经之暇，辄假朔望佛会
> 日，邀集城内外老少妇女，演讲"天足"，听者颇多。

诚修把明月庵作为维新的据点，斥资兴女学，提倡不缠足，完全顺应了清末的新潮流。梁启超在光绪二十三年（1897）发表的《变法通论》，已指出这两件事必须同步进行："缠足一日不变，则女学一日不立。"身在空门的尼姑，敢于闻风而动，真是胆识过人。她的维新方案，尽管有"某绅"作后盾，但实施起来，仍不免招致卫道者们的非难和阻挠，是可想而知的。请看清末扬州的守旧势力，对新的文教设施怎样冷嘲热讽；

> 扬州好，广辟体操场，人比蛤蟆跳足走，群如狮子抢球
> 忙。从此国民强？！
>
> 扬州好，女学集瑶姬，黑面书编怀里挟，黄皮包裹手中
> 携。真个赛男儿？！[22]

在这样的舆论环境中搞改革，必定困难重重。而诚修竟敢将庵堂改女学，寺产充经费，并为妇女脚的解放奔走呼号，岂不是大智大勇？当时关心社会进步的人士，高度评价她的维新创举，并仗义执言，澄清了某些不实之词："或者曰：诚修恐庵产之将来必不免于充公，故为此保求半壁之计，其所捐田产又有校长月薪之足以相抵，校长地位何等优崇，有此一举，且以博美名也。处心积虑可谓深矣，其计亦狡矣哉！然而担任义务不辞劳瘁，田值为所固辞，月薪在所应得。与夫靠着佛菩萨吃着不尽，甚或饱暖思淫者，盖大相径庭也。然则诚修者，热心公益，实事求是，微特尼界中未有之奇，即一二开通之巾帼亦不能及，而沽名钓誉，假公以肥己，皇皇乎为当世士大夫者，当亦有愧色欤！"诚修敢于逆流而上，显然具有进取性的人格。像她这样的杰出尼姑，堪称清末的佛门"新女性"了。

在尼姑史与文化史的交叉点上，确实存在着矛盾性的现象：寄生者拥有一定的治生技能，文化污染与文化传播两极分化。从历史的实际出发，与其对尼姑作抽象的褒贬或抑扬，还不如就事论事，更能从异相中看清真相。

注释：

[1] 姚秦三藏佛陀耶舍共竺佛念译：《四分比丘尼戒本》，载"波逸提法"178条。第114条："若比丘尼，自手织纺者，波逸提"；第169条："若比丘尼，学世俗技术以自活命，波逸提"。所谓"波逸提"，是 Payattika 的音译，意为"堕"，即做错事不悔过会堕地狱。按律规定，比丘尼应在三个比丘（男僧）面前忏悔自己的罪过。

[2] 赞宁：《僧史略》，卷上，"礼仪沿革"条。

[3] 孟元老：《东京梦华录》，卷三，中华书局，1982年，页88—89。

[4] 此处所引，据《宋诗纪事》，卷八十七。褚人获：《坚瓠补集》卷二，将该诗作者定为"吴中女郎王道蕴"，文字略有改动，仍不失原意。

[5] 朱彧：《萍州可谈》，卷二。

[6] 《嘉泰会稽志》，卷七。并参《老学庵笔记》，卷三。

[7] 陈弈禧：《皋兰载笔》，《小方壶斋舆地丛钞》，第六帙。

[8] 叶梦珠：《阅世编》。

[9] 圆仁：《入唐求法巡礼行记》，卷三，上海古籍出版社，1986年，页146。

[10] 赵翼：《瓯北诗钞》。

[11] 胸谷：《清异录》，卷下，"辋川小样"条。

[12] 钱泳：《履园丛话》，卷十二，"治庖"条。

[13] 《功德林素菜谱》，中国商业出版社，1982年，页121—130。并参薛宝辰撰：《素食说略》。

[14] 《海录碎事》，卷十下，"锦里游"条，上海辞书出版社，1989年，页339。

[15] 陶谷：《清异录》，卷下，"浅文殊"条。

[16] 顾禄：《清嘉录》，卷五。

[17] 《房山石经题记汇编》，书目文献出版社，1987年，页142、218。

[18] 胡文楷：《历代妇女著作考》，上海古籍出版社，1985年，页147。

［19］茅以升主编：《中国古桥技术史》，北京出版社，1986年，页260。

［20］蒲松龄：《聊斋志异》（二十四卷抄本），卷九，齐鲁书社，1981年，页293—294。

［21］《清稗类钞》，第二册，教育类，页565。

［22］惺庵居士：《望江南百调》（扬州丛刊本）。

文化交流的"二西"眼界[*]

一、全祖望及其《二西诗》

全祖望，清乾隆年间的学者、诗人，浙江宁波人，诗文集《全祖望集汇校集注》已经由上海古籍出版社出版。此次论及的《二西诗》出自《集注》下册《西笑集》。全祖望与广东也是有关系的，曾到肇庆端溪书院讲学，这是在乾隆十七、十八两年，也就是在他四十八九岁时，后从广东回浙江，不久去世，享年51岁。以上是对其身份做简单介绍，下面谈一下《二西诗》。

"二西"是一个简化的说法，中国的传统文化有一习惯，就是喜欢把概念数字化：二以上才有，像八仙、十八罗汉、三十六计、四书五经……这是中国传统文化的特有现象。这样，就要有专门的书籍来查，这本书叫《读书纪数略》，作者宫梦仁，康熙年间编写，共54卷，现收在《四库全书》中。一直到现在，这种事例还很多（如"三农"、"四化"），大家可以举一反三。

＊ 本文是 2004 年 10 月 27 日"学理与方法"的讲授纪要。

　　"二西"指西域和西洋,是以"乌斯藏"和"欧罗巴"为题材。前者指藏传佛教,后者是天主教(西学)。全祖望对佛教由西域传入西藏,天主教由西洋传入中国,采取谴责的态度,这可以从以下诗句中看出来,"阐化空教种祸根"(西域),"妄将教术酿横流"(西洋),这两句就是指责"二西"制造混乱,扰乱思想。

　　"二西"作为一个文化概念,究竟应该怎样理解?可以这么讲,第一个西是指佛教东传。东汉(公元67年)白马负经至洛阳,在洛阳城西建白马寺,第一个西就是从这一年算起的,载来的经就是《四十二章经》。《四十二章经》是释迦牟尼成佛后口述的四十二段话。第二个西从利玛窦到肇庆那年算起,也就是公元1583年。从第一个西过渡到第二个西前后约1500年。

　　《二西诗》很出名,前人早有评议:

　　一、陈垣在《从教外典籍见明末清初之天主教》中,对全祖望关于基督教在华传播的评价不以为然。他说:"此直国际间之疑忌耳,与教何与!然必牵涉及教,此教之不幸也。全祖望此诗,亦可代表当时一般心理。"即认为当时人只是对外国人的猜疑,并不是针对天主教,殖民者与天主教是两回事,不应等同而言,把两者等同起来是天主教的不幸。

　　二、朱谦之在《中国景教》中指出:"全祖望之《二西诗》,一面赞赏西学,一面又警惕于防患之可畏,可代表进步人士的心理。"(书中误将"二西诗"印刷成"二酉诗")。

　　不管是褒是贬,陈垣、朱谦之二人都是从价值判断的角度来立论的。

　　三、钱锺书在《谈艺录》中自白:"颇采'二西'之书,以供三隅之反。"这是借用"二西"概念来表明自己的学术视野。沿着同样的思路,下面谈谈文化交流的"二西"眼界。

二、中外关系史的主体是中西关系

中国对外关系在东、西、南、北都有，但东、南、北的影响与西是没法比的。以前此专业称"中西交通史"、"中西关系史"；"文化大革命"时谈"西"色变（西＝洋＝资），东风压倒西风，故改称中外关系史。这样就淡化了"西"，不易在此专业中突出中西关系的主体性。

为什么它会构成中外关系史的主体呢？

第一，中国长期以来政治重心在"西"，自西周到秦汉到隋唐都是如此。杜甫的《秋兴八首》有这样一句"秦中自古帝王州"，即中国长期以来的政治重心在陕西、在西安。后来迁都洛阳，这就意味着政治重心往东移。北宋继续移往开封，南宋至杭州，从此"秦中自古帝王州"的局面发生变化，江浙地区逐渐发展起来。

第二，古代文明的几大中心都在"西"，希腊文明、波斯文明、印度文明都在中国的西边，伯希和有一篇重要论文《四天子说》中提到：欧亚大陆就是四天子在那里竞争、较量。

第三，国际交往的大道也在"西"，从长安到君士坦丁堡是当时世界最重要的交通要道，历史上三次由东到西的民族迁移的浪潮也是沿着这条路：匈奴到罗马；突厥到君士坦丁堡（后改为土耳其）；蒙古灭俄罗斯建金帐汗国。蒙古之后没有这种状况，而刚好出现一个反方向：西方征服东方。十五世纪是一个分水岭，标志性年代是 1453 年，就是土耳其人征服君士坦丁堡那一年。东西方陆上通道被阻塞，西方人就往海洋寻找另一条路，即新航路，引发了 15 世纪末的"地理大发现"。从此产生一历史趋势，就是西方征服东方。

无论从"西域"还是"西洋"来看，中外关系的主体都是中西关系，到中国近现代，平常说"走向世界"，其实就是走向西方；"找寻真理"，也是到西方找，洪秀全、严复、康有为、孙中山先后到西方找寻真理，他们都是闽粤人，最早接触西洋文明。故我们才做出这样的结论：中外关系的主体是中西关系。

三、对两次"西潮"的比较

"二西"是一个包含"通识"的概念。它提示研究中西关系的学人，在考察外来文化对本土文化的影响时，应当把"西域"与"西洋"贯通起来，看作是中国文化史上的两次"西潮"，缺一不可。举其大者，如从和平贸易到商业战争的转变，以及"世界"观念的更新等等。举其小者，如要研究中国服装史，就必须从胡服到西装；要研究饮食史就要从胡食到西餐；要研究音乐史就要从胡乐到西乐；而医药史的研究就要从胡药到西药。

至于中国什么时候有海关、铁路、民航、邮局等这些西方的东西，都可在相关书籍中查到其源起。至于精神文明方面，可在方豪的《中西交通史》，张星烺的《中西交通史料汇编》和《欧化东渐史》中查找，这些书都分门别类讲得很清楚。

现在我要讲的是别人很少讲到的思想观念的转变，也就是观念更新。这一变化出现在"西学东渐"以后。

第一，由天下观念转到世界观念：古代的天下不是世界，真正的世界观念是从利玛窦在肇庆介绍第一幅世界地图时开始的。

第二，进化观念：中国以前是循环观念，把进步看做是复古。西方文明尤其是达尔文天演论进来后，才有进化的观念，才有由低级到高级，一代超过一代的说法。

第三，革命观念：先秦以来就有革天命的观念，西方传入革命观念后要把专制搞成共和，不是改朝换代，是社会改革。

接下来谈知识分类的改变：从"四部"到"百科"。我们熟悉的分类是经、史、子、集，即"四部"，四部分法从魏晋时就开始，到唐玄宗时分设书库来藏书，出现"四库"，但真正编《四库全书》是在乾隆年间，完成于1782年。而欧洲此时正处于启蒙时代，其中有百科全书派，以狄德罗、卢梭为代表。

百科，一开始没有那么多科，耶稣会士艾儒略，意大利人，在其《西学凡》中介绍给我们的是六科，"凡"是概论的意思，《西学凡》就是西学概论。此书于公元1623年第一次刻印，艾儒略主要在福建活动，被称为"西来孔子"。真正称百科不是直接从西洋来的，而是从东洋（日本）转贩来的。1903年，由上海汇文书社从日文转译过来的《普通百科全书》，这本书的分类就跟20世纪的差不多了。知识分类变得更细更精，这样有利于人家去分析、去掌握。但慢慢也就产生矛盾：即"通"与"专"的矛盾。读"四部"比较"通"，读"百科"比较"专"，二者关系复杂。不"专"则"通"是很浅的，不"通"则"专"也是有局限性的，甚至出现如岑仲勉先生所说的："专家无常识。"

今天我们走的是"专"的路，非专不可。但不要成为"分工的奴隶"。我们要形成一种自觉，即对"通"的观照。提倡向"四部"回归不是回到"四部"的状态。研究生培养的最难之处就是如何在专和通的平衡下出人才。我们要认识到现代的知识分类在我们身上的烙印，防止画地为牢，以免在自我发展中出现畸形。

文化交流的"回流"现象 [*]

历史上的文化交流，无论内容还是形式，都是多种多样的。外来文化与本土文化，物质文化与精神文化，宗教文化与世俗文化，等等，错综复杂，不一而足。

文化交流的过程，不仅是多样的，而且是多变的。"回流"是交流深化的表现，它指的是某种外来文化经过本土化之后，以新的面貌再输出，重新返回"故乡"。

一、交流与回流之别

两种异质文化发生接触，其动态不是单向而是双向的：一种流入，一种流出，形成交流。在物质文化上是互通有无，如：唐宋时代，阿拉伯输入香药、象牙，中国输出瓷器、丝绸。在精神文化上是互补新知，如：明末清初，耶稣会士向中国传入"西学"，又将《易经》、《论语》译介到西欧。这是人们所熟知的。

---

[*] 本文系 2008 年 12 月 27 日在"新世纪暨南史学博士论坛"的报告纲要。

至于"回流",则是异物华化的结果。经过长期的本土化之后,原汁酿出新味,前代的舶来品变成了后代的出口货。这种现象往往被忽略,值得提出来研讨。下列两例,一为动物,一为植物;一为变异,一为转型。作为回流现象,是有相当的代表性的。

二、拂菻狗入唐与哈巴狗入英

1. 哈巴狗俗称小番狗,原为外国种,一千三百多年前作为贡品进入中国。唐高祖武德七年(624),高昌王麴文泰献拂菻狗,雌雄各一,高6寸,长尺余,能曳马衔烛。拂菻即东罗马。唐玄宗时,中亚的粟特城邦又多次贡狗,称"康国猧子",是杨贵妃的宠物。

2. 宋元时代,养金毛猱狗是宫廷时尚。元代始有"哈巴"之称(蒙古语 qaba,小狗。据方贵龄:《古典戏曲外来语考释词典》),并多次见于元杂剧,如孟汉卿《魔合罗》二折白:"帘儿下卧着个哈巴狗儿"等。

3. 明清时代的北京、杭州、扬州和广州,养哈巴狗成风。清宫特设"狗房",有四名太监专司其事。为了使狗体越变越小,甚至挖空心思,狗饭掺入朱砂,人工培育出特小的"鞋狗",体小毛长,被称为"袖里藏"和"菊花面"。从而使这种畸形狗享有"北京狗"(Pekingese)的盛誉,扬名西方。

4. 北京狗入英,始于第二次鸦片战争。咸丰十年(1860),英法联军,烧掠圆明园,返英时带回北京狗5头,其中一头毛色纯白,献给维多利亚女皇。1900年,八国联军入北京,又携北京狗回英,被称为"拳狗"(因镇压义和团得名)。至于北京狗传入美国，则是 20 世纪初的事。1906 年，经"美国畜犬协会"（AKC）登录，作为新种注册，从此进入北美的宠物市场。

5. 历代哈巴狗的异名，多达 21 个（详见拙文《哈巴狗源流》），历经唐、宋、元、明、清五代。拂菻狗→哈巴狗→北京狗，名变，种也变；来自罗马，又再回欧洲，这是文化交流史上的物种"回流"。

三、茉莉花东来与《茉莉花》西传

1. 在中国的百花园里，土生土长的茉莉花，原为舶来品，此名首见于汉代陆贾的《南越行纪》，至今已两千多年了。

2. 舶来品多异名，茉莉花也不例外。在中国古代的诗文和笔记里，此花译名多达 9 个（仅次于拥有 12 个异名的"巧克力"）。译名因产地而异：来自波斯的称耶悉茗（Jasmine），来自印度的称茉莉（mallika）。

3. 茉莉由印度僧侣经海路传入广州，再由南向北扩散，至宋代已成为江浙一带的名花。宋代诗人许棐有诗为证："荔枝乡里玲珑雪，来助长安一夏凉。"诗中"玲珑雪"是形容小白花，"长安"则是临安（杭州）的代称。此花不仅宫中种，民间也种，用途甚广：

  （甲）供：供奉佛像，称为鬘华；

  （乙）簪：妇女插鬓，增添妆饰；

  （丙）熏：熏制茶叶，成"茉莉花茶"，起源于广州；

  （丁）炼：蒸馏花露，炼成香油，防治风癫症。

4. 茉莉花至明清时代，已在江南（尤其是苏、杭、扬州和芜湖一带）广泛栽培，雅俗共赏。人们因爱而歌，传唱小调。原名《鲜花调》，工尺谱，第一段"好一朵鲜花"，第二段才是"好一朵茉莉花"。正式著录见于道光元年（1821），贮香主人所刊的《小慧集》。至于当代传唱的《茉莉花》，则是南京军区作曲家何仿 1957 年改编完成的。

5.《茉莉花》在欧洲的传播，可分初传、扩散和推广三段：

（甲）初传：乾隆五十八年（1793），随英使马戛尔尼来华的官员巴罗（1764—1848），在伦敦出版《中国纪行》，以五线谱介绍江苏小调《茉莉花》，始为欧洲音乐界所知。

（乙）扩散：1926 年，意大利歌剧大师浦契尼（1858—1924）的名剧《图兰朵》在米兰首次公演，剧情虚构中国公主招亲的故事，在童声齐唱，男、女声独唱和混声合唱中，多次出现《茉莉花》旋律，表现生、死、恨、爱的强烈感情。

（丙）推广：1982 年，联合国教科文组织将《茉莉花》列入亚太地区音乐教材，推向世界。

四、"回流"是交流的深化

外来文化与本土文化的融合，须经历一个漫长的过程。从拂菻狗入唐（624）到哈巴狗入英（1860），经过一千二百多年。从植物茉莉花东来到民歌《茉莉花》西传，经过将近两千年。前者是物种的变异，后者是花事的转型，即由物质形态变成精神形态（贡狮传入与舞狮传出，也属此类，详见拙文《狮在华夏》）。无论哪一种，都不是短时段所能完成的。

从长时段来观察文化交流的"回流"现象，意味着一种通识。正是具有"通识"的历史眼界，钱锺书先生才会将"哈巴狗"定义为"在西洋就充中国而在中国又算西洋的小畜生"（见钱著《谈中国诗》一文）。

　　"回流"并非对原物的仿制，而是融合和创新，因而，可以看做是交流的深化。

文献解读与文化研究[*]

这是为庆贺《广东社会科学》创刊 20 周年而应约撰写的小文，旨在呼吁学人认真解读岭南历史文献，避免随意性和趋时性。叩寂寞以求音，叩寂寞以求真。

——题记

最近三五年来，关于岭南文化的研究，迅速升温，势头正旺。面对着形形色色的新见解，我除感到鼓舞外，有时也引起一些反思。问题之一是：文化研究如果不以文献解读为依据，往往容易产生主观随意性，徒有体系化的外观，缺乏实质性的论证，未必于事有补。

文献解读是一项艰难而又寂寞的工作，令人望而生畏。岭南地区的历史文献，门类多，数量大。尚待进一步开发。以清代文献为例，清初的《广东新语》，清末的《无邪堂答问》，就是两部值得认真解读的书。

《广东新语》是康熙年间番禺诗人兼学者屈大均的笔记，从

　＊　原文发表于《广东社会科学》2004 年第 5 期。

天语、地语，到木语、草语，共二十八卷。按其知识的覆盖面，堪称一部 17 世纪的"广东百科全书"。从知识结构来看，可以说三百多年前的屈大均先生，已经跨入"学科交叉"的境界了，其中有一段关于广州口岸的话，引用率特别高，即所谓"金山珠海，天子南库"。其实，这并非屈大均本人的话，而是引用前人的话。他写《广东新语》时，参考过南宋的类书《海录碎事》，从中转引出已佚的《广州市舶录》，因此才这样表达："故曰金山珠海，天子南库。"史料来源一模糊，就容易张冠李戴了。把宋代人的话挂在屈大均名下，作为对广州十三行的评估，无论如何不能算是确切的引据，似应认真斟酌。

《无邪堂答问》是清朝光绪年间的书，作者朱一新，浙江人。他是一名进士，1890 年应两广总督张之洞之聘，到广州担任广雅书院的山长。无邪堂是书院里的讲学厅，答问是问答式的讲学记录，此书的重要性至今似未引起足够的关注。其实，朱一新是当年广州学术界的头面人物，其地位相当于广东第一把手特聘的大学校长，非同小可。朱一新的答问，反映出清末广州学术界的"热点"问题，如对西学、西教和西医的态度。如能下功夫解读，由表入里地考察岭南文化对西洋文化的反应，有关岭南文化的"开放性"和"包容性"的讨论，也许就更能掌握分寸，既不拔高，也不贬低，实事中求是了。

文化热，岭南热，都是值得欢迎的。因为，这要比"文化冷"和"岭南冷"好得多。不过，热容易引出闹，也不可以掉以轻心。提倡在文献解读的基础上进行文化研究，意在促进正常升温，做到热而不闹。被誉为"文化昆仑"的钱锺书先生，曾经语重心长地告诫当代学人："强求人类的文化精粹，去符合某种市场价值价格的规则，那只会使科学和文艺都'市侩化'，丧失其真正进步的可能和希望。历史上和现代的这种事例还少吗？我们必须提高觉悟，纠正'市侩化'的短视和浅见。大家都要做有高尚品格的人，做有文化的人，做实在而聪敏的君子。""外物不移方是学"，研讨与炒作大异其趣，纯正的学人当有共识。

《广东社会科学》创刊20周年。二十龄是弱冠之年，正在兴旺时期，大有作为，前程似锦。衷心祝愿现代岭南的这片学术园地，开繁花，结硕果，以更辉煌的文化建树与时俱进。

治学片谈

一、须惜少年时 *

现在旧课结束，新课开始。尽管送旧迎新，大家还是学生，在学后生，当然意味着年轻。

王国维在一首词中写道："万事不如身手好，一生须惜少年时。"古人的人生追求是福、禄、寿，今人似乎变成名、利、位。但王国维认为重要的是身手。人要身手好并不容易。身手好即健康，最集中体现在少年时。年轻时耳聪目明，能跑会跳，健康的身体胜于一切，必须珍惜这美好的时光。

然而，处于黄金时代的人容易头脑发热，人要有很多经历后才会"退烧"。白居易诗云："昨夜新生黄雀儿，飞来直上紫藤枝。摆头撼脑花园里，将为春光总属伊。"桐城派曾云："三十岁前不狂没出息，三十岁后还狂也没出息。"因此我们不能一狂到

---

* 本文是 2005 年 9 月 1 日新学期伊始对中外关系史专业的博士生和硕士生的讲话纪要。

底，不能目空一切，以为满园的春光是因为有了新生的黄雀儿在此摆头撼脑才得以存在。当然"少年时"是个生理年龄的概念，从心理上看则是相对的。我们不妨设想，30 岁的人相对于 20 岁的人是老了些，但相对于 50 岁的人仍是"少年时"；60 岁的人相对于 90 岁的人也是"少年时"。所以无论处在哪一个年龄段都要珍惜时间，奋发有为，既不自满，也不自卑，争取在学问上有所进益。把诗中的"花园"引申为我们中大的康乐园，则更有针砭时弊的现实意义了。

上个学期，我讲了"历史研究的思维结构"，强调"思考"。但提倡"想"，并不排斥"记"，二者不能偏废。要记住基本的东西，大脑才能进行思考。基础课姓"基"，这是我自 20 世纪 60 年代教基础课以来一贯坚持的。例如讲到粟特地区，你在脑中就要想到中亚的两河（阿姆河和锡尔河）、四海（地中海、黑海、里海、咸海）、五国（哈萨克斯坦、塔吉克斯坦、乌兹别克斯坦、土库曼斯坦、吉尔吉斯斯坦）。当然思考的深度最重要。做学问的"基"就是"想"，多想出智慧，思维力度决定将来可能走到哪一步，想到他人未想到的才谓"独到"。导师要引导学生如何去想，但不可能也不应该代替他本人去想。

二、史论结合与选题*

"论文"，首先要重视立论。要提高"论"的水平，注意历史思维的逻辑性，把"史"和"论"有机地结合。二陈（陈垣、陈寅恪）的"高"在于其"论"，在于其史论结合。当前，人文科

---

* 本文系 2003 年 6 月 4 日在中外关系史专业硕士论文答辩会上的点评。

学存在一种倾向：只重"文"，忽略了"人"，这易产生误解、误导。事件中少不了"人"，"事在人为"嘛。学术界一度空论太多，导致"文化大革命"结束后人们闻"论"生厌，主张"实学"。"实学"是要的，但同时要有"实论"，陈垣那本《通鑑胡注表微》已经够"实"了，但其中的"论"也非常精彩。排斥理论是要吃亏的。年轻时就要加强此方面的学术训练。中外学术的研究水平的差距仍很大，我们的中外关系史研究要有中有外，立足于中，但也要从西来看中。

历史是人们对过去的记忆。现实激发人们回忆过去。人云亦云没出息，我们要于无声处找课题。选题时首先要考虑来自现实还是文本？来自现实的一般具有原创性，来自书本的则多属移植，难怪南宋诗人陆游告诫儿子说："纸上得来终觉浅。"我们要提高课题的原创性，降低其移植性。不要脱离实际，人文科学不要脱离其"根子"——现实。

三、关于立论的分寸感*

"礼仪之争"为何风波如此大？从文化角度上看，争议牵动了中国文化的主体。天主教认为一切由造物主包揽；中国则有区分，由天、地、君、亲、师分管，其间包括两界，即神界：天、地（皇天后土）；人界：君（君王，现实的统治者）、亲（父母，养育我们的人）、师（师长，传道授业解惑的人）。"礼仪之争"，实际不敢挑战君，只挑战亲和师（此"师"不同于今天教师这一

---

* 本文系 2003 年 10 月 29 日在中国科学院韩琦先生"奉教天文学家与礼仪之争（1700－1702）"学术报告会上的发言。

职业，而是指"万世师表"的孔子）。天、地是世外之神，但亲、师却是最贴近的，人由亲来，成长离不开师。在中国文化中，若不能祭祖祭孔，也就等于直接打倒了亲、师。"礼仪之争"是中外文化的大冲突。这与佛教、摩尼教、景教等传入中国不同，这三个外来宗教是依靠皇帝的，依靠宫廷的，否则就传播不开来。

韩先生的论证很有分寸。这个分寸感很重要，宁可不够，不要出头。评论的分寸要掌握好，不要动不动就跳跃、突破。我们与古人存在着时、空、心理的很大距离。因为我们所研究的古人已无法与我们对话，无从与我们争论，这就要求自己注意"学术良心"。任何立论都要有充分的资料作支撑。

四、论文的"火候"*

借此机会，我想谈谈"火候"问题。论文的课题牵涉外来文化与本土文化，客体文化与主体文化之间的关系。对两者的褒贬、优劣、长短的评价如何把握分寸，这就是"火候"问题。"火烧到什么时候？"此认识来自何处？后人以为来自饮食文化，即来自烹调。其实是饮食文化从道教文化引进的。"火候"是道教炼丹中的重要概念，"万卷丹经，秘在火候"；"炉火纯青"，而不说"炉火纯红"。火转为青，热度就非常高。"增一分太长，减一分太短。""火候"的核心是"度"。论证、结论如何掌握分寸？"火候"与"风"无关，一味看流行的"提法"，实际就是跟"风"。中国历史学有一实证传统，梁启超认为有史实而无精神。

---

* 本文系 2004 年 6 月 4 日在博士论文《西洋传教士在华早期行医事迹考述》答辩会上的点评。

外国人认为中国史学诗化程度不高。文艺复兴史的奠基人布克哈特曾说过："历史很大程度上是诗化的。"史化诗，看起来是虚的，其实是升华，从史中求识。如何掌握火候，并没有具体的可操作性，这并非单纯的技巧问题，不可言传，只可意会。

现在有一种倾向：一味只顾爬梳资料。实际上，对资料的消化、甄别、分析、概括，全靠方法论。不得其法，就会在故纸堆中晕倒，"火候"就无从谈起。

五、要注重社会史[*]

此课题难度较高。医学与一般文化不一样，是"道"与"器"相结合。物质文化层面为"器"（医术），精神文化层面为"道"（医理）。基督教并非明末清初才传入，从景教到天主教，在文中要作一交代，不可只切一段。西医对中国传统文化的冲击很大。传统重天意，而医学直接面对人。西方传教士在明末清初入华时，全国的卫生环境和医疗状况如何？此关系到西医来华有无用武之地，其输入能否发生影响，为中国当时社会所需，这个问题必须搞清楚。明清之际，中国除传统的中医（汉医）和巫医外，尚有藏医、蒙医、回回医等。西医传入，至少要与中医、巫医发生关系。中医被称为国医，其本身发展不平衡，内科、妇科、儿科较好，外科和眼科则不行。这有历史的原因。自医圣华佗被曹操处死以后，许多中医不敢碰外科。唐代以后，脉学突飞猛进，外科显得很弱。因此，来华的域外医生若在这方面有所表

---

* 本文系 2004 年 3 月 30 日在博士论文《西洋传教士在华早期行医事迹考述》结题报告会上的点评。

现，如印度医生做眼睛手术，就被认为很神。外科不行的状况延至清代。康熙曾向西欧与俄国要外科医生，这表明宫廷需要西医，中国需要西医。了解这个大背景，有助于具体估计西医入华传播的影响。

对早期西医的传播活动可归纳如下：

第一，取长补短。外科是西医的强项。15、16 世纪西方近代科学兴起，解剖学为基础学科，外科为应用学科。而中国则是要"生时完整，死时完整"，无解剖学，故无外科，只有跌打科。

第二，旧病用新药。成效大，影响大，如疟疾、天花等。

第三，善待恶疾。如麻风病，中国人歧视这种病人，一旦染上麻风，则被开除"人籍"。麻风病在春秋战国时已有，《论语》中曾载孔子去看其弟子伯牛，此人患麻风而死，孔子不过是到窗口拉拉他的手。传教士与此不同，据《马太福音》，耶稣从圣山下来第一个救助的就是"大麻风"。因此教会的医生对麻风病人有同情心，敢于接近，敢于护理，这就产生较大的社会影响。

50 年代到改革开放之前，我国的历史研究注重历史观，即唯心还是唯物，方法论则多被忽略，也就是说"重观轻法"。而在西方，历史观虽然多元化，但对于方法论，则都同样重视。目前，我们存在一种倾向：既不注意"观"，也不注意"法"，只重视信息。我们所说的方法论，即辩证思维和具体分析。全面考察历史时，需注意几大关系：一是前后。从"景教"到"天主教"，历史的观察是纵向的，"历时性"的观察，上下、头尾。二是左右。横向关系，"共时性"观察。对中医、巫医、回回医等的参照，考察当时社会环境、卫生状况。三是表里，即现象与本质。西医只是作为传教的敲门砖。四是动静，即停滞与变迁，要注意16 到 18 世纪所经历的变迁。总之，将历史当作立体，而非平面，动态而非静态的来考察。施工与设计是两回事。从课题到资料再到理论框架，一环扣一环，不可缺环。

中医对西医有吸纳，有排斥，除了正面的吸纳外，排斥的部分如何？现在的研究泛泛而谈，西学（含西医）入华传播的广度和深度，需作深入而具体的分析。要紧紧扣住"社会"，从社会史的角度考察；至于科技史，并非我们专业所长。

六、关于"二重证据"法 *

问：历史研究强调"二重证据"，而地下文物，往往不是案头之物，我们究竟应以什么"证据"为主？

答：文献与考古出土文物互证，这是王国维先生提出的二重证据法。但切不可简单化，变成文献加文物；而是要从文献出发，找文物取证，然后再回归文献，深化对文献记载的认识，这是王国维的高明之处。实际上，我们现在已不仅二重论证，还要提倡三重（文献、文物、遗俗），甚至多重论证。历史与我们相去甚远，存在三重距离，即时间距离、空间距离和心理距离。这就要求我们要广泛收集多方面的证据，以诗证史，以图证史，以碑证史，等等。其中"以诗证史"，恐怕最难。如"一骑红尘妃子笑，无人知是荔枝来"，实应为杜牧的想像。使用"诗"需小心，勿把作者想像的东西当做历史。此外，还有以小说证史，中外文献互证，等等，不一而足。

对引用的主要论据要吃透、参透。要能提出问题，即便最后

---

* 本文系 2003 年 9 月 24 日在讨论硕士生作业《唐诗所见凉州胡人乐伎考释》时的答问。

被证明错误，但也"错得可爱"；不能提出新见，照搬现成的说法，虽然四平八稳，但实际是"对得平庸，对得可厌"。

七、关于解读汉文献 *

在摩尼教的研究中，就汉文资料而言，中国学者较有优势。学术研究有国际分工，对汉文献的解读，中国学者要发挥更大的作用，在西人面前不必有自卑心。当然，要重视西方相关的学术研究成果，但不可迷信，毛泽东曾说过："在洋人心目中，我们也是'洋人'。"

"清净光明，大力智慧，无上至真，摩尼光佛"这十六字，是由汉译摩尼教经中提炼出来的，实际上是将教义口号化、纲领化。能否将自己的思想理论进行高度提炼，用几句话或若干字介绍清楚，可看出其对问题认识、理解之程度，绝非一朝一夕之功。简短的十六个字，精练、传神，高度道化、佛化、汉化，从中更可看出泉州摩尼教并非从海路（王国维曾作此猜测）直接输入，而是由陆路经中亚地区间接传播，传入中国后由西向东伸张，并在传播过程中逐渐变异，这十六字就是变异的产物。

准确解读文献，是历史学的基本功之一，从"文献"到"文物"再到"文献"，可获得对文献的新认识。

---

* 本文系 2003 年 9 月 30 日在中外关系史专业研究生讨论林悟殊教授新作《福建明教十六字偈考释》时的点评。

八、关于西安景教碑*

论文要解决什么问题？立足于论证什么？要很明确。景教套用他教的概念，但赋予新的含义。可以说，景教碑既是文献也是文物。洋人对其文体（骈体文）未搞清，对其笔法也不懂。碑所反映的政教关系，即为政教结合，圣道结合，碑文主旨就在于阐发这一点。碑的文和颂反映了从唐太宗到德宗六朝与景教的良好关系，宣讲政教合作之好处。碑文的另一个重要内容是介绍佛、道与景教之争。

对景教碑的研究，我们受国际汉学影响较深。自己的开拓性不够，往往是在他们研究的基础上略为补充。教会的汉学家把景教碑当为基督教和中国关系源远流长的实物根据，学院式的汉学家则是着力于将碑文译成现代的西方文字。他们都并非把景教碑当为唐代文献来研究。如果把碑作为文献研究，我们拥有丰富资源，中山大学图书馆就保存了两个早期的拓本，我们有我们的优势，是可以与西方学者互补的。在这方面，要注意交代所用的景教碑拓本是哪一种，拓本与现在流行的版本有何不同。在文本的解读上，应比前人更进一步。

要特别交代清楚碑文内容的主旋律是什么，各朝政教的关系如何。实际上，六个朝代中，宫廷与景教的关系并非都是一样融洽亲密。如唐玄宗，因时代久远，在后人心目中，其政治作为被淡化了，其艺术才华却被大肆渲染，甚至奉其为"梨园"即戏班

---

* 本文系 2003 年 9 月 15 日在博士学位论文《唐代景教与宫廷的关系》结题报告上的点评。

之祖师。实际上，唐玄宗对意识形态控制得很紧。他饬令对宗教徒三年造一名册，一式三份，一份存寺中，一存地方政府，一存中央。玄宗朝与景教的关系，必定与其他各朝有差别。我们不仅要注意景教自初唐至中唐与朝廷之总体关系，也要注意其间政教关系的不平衡性，节奏的松紧。

从碑文内容来看，主要在歌功（景教之功）颂德（朝政之德）。从政教史角度入手，有别于宗教学、语言学等角度。国外研究成果我们要尽可能吸收、利用，但研究方法、路数，我们应探索一新视角、新切入点。就历史专业而言，教师是教"思"，史学是"思"学，若无思考，便只是堆砌材料。

九、关于元代景教的研究 *

元代基督教是基督教在华传播的一个时期，上有唐代景教，下有明末天主教及近代的基督教新教。如何给元代的基督教定位，至今还没有解决，这也是一个困难的问题，正需要我们去探讨。

就元代的基督教，最要紧的是：按时、地、人三个方面，理出一个头绪。时：元代上接辽宋，下连明初。地：元代基督教传播路线，初步观察是由北而南，而非由西而东。从内蒙古到大都，到山东，到镇江，再到福建泉州。人：群体如何分？也里可温包罗的成分比较复杂，如何将这一群体进行地区分布和社会类型的分析，仍是一个有待解决的问题。元代的基督教有相当的官方背景，在镇江时教徒仍当官；但到了泉州后，一般只在民间流行，教徒出任官职已经不明显了。

---

* 本文系 2004 年 11 月 29 日在博士论文《元代基督教研究》开题报告上的点评。

十、关于祆教礼俗的研究[*]

对前人有关此课题的研究情况，作者有较好的掌握，但综述别人的东西较多，自己的心得较模糊。严格地说，这只是对读书笔记所作的一个整理，认识还应进一步深化。能入，能出，再能入，才算有创造性思维。报告中前人的影响很显著，可说是"阴影"。法国哲学家萨特曾说过："在我身上集结着千百个死者。"排除掉这些死者，剩下的才算自己的东西。

如何修改？具体来说，宗教的礼俗包含两个方面：人际关系和人神关系。祆教是传入中国的琐罗亚斯德教。立足于中国来讲它的礼俗。史料依据是什么？一定要落实，否则会落空。第一步是"辑"，可以从正史、笔记、出土文书、墓志铭等辑录有关的资料，估计不下四五十条，成为一百纳本。第二步是"证"。先不要理前人怎么说，这样才"能出"。先分类，有些是背景材料，有些是参照材料。而后，按人际关系、人神关系再细分。婚丧（红白）二俗，属于人际关系；祈神赛祆则属于人神关系。这些活动的场合多在祆祠，或称祆寺或祆庙。祆祠是大有文章可作的，至少可从三个方面入手：1. 分布。整理其分布的地点。从吐鲁番开始，到长安、洛阳、开封，再到江苏镇江（最东），连成一条线。由西向东，也就是胡人活动方向。由边疆进入内地，胡味减少，华味增加。2. 管理。探讨对祆祠管理模式的变化，对此前人未多注意。隋唐通过萨宝管理。宋代《墨庄漫录》，史

---

* 本文系 2004 年 11 月 29 日在博士论文《中古祆教礼俗研究》开题报告上的点评。

世爽三代做庙祝，但并非单纯世袭，需地方官认可，加以委任，表明萨宝管理已转至地方政府，此为一大变化，逐步中国化。如何从现有的礼俗、丧葬等解读背后的东西，即从在场的东西引出不在场的东西，这需要下工夫。3. 祆庙功能变化。"火烧祆庙"，故事发生在宋代，但反映在元曲。元曲中的祆庙，已不仅是祭祀的地方，也是幽会的场所，而后才发生放火烧庙。为何专讲在祆庙，而不在佛寺等，此显示祆庙功能的转化。"火烧祆庙"的起源在哪？我只看到宋的，钱锺书则提及唐代已有，最早出现在《法苑珠林》。三夷教入华后发生变异，变成怎样？往何处变？现在来看，祆教变异的趋势是民俗化。

论文题目叫《中古祆教礼俗研究》，可再推敲。以前分上古、中古、近古、近现代，界线模糊，不可取。现在，有的主张仅分为传统与现代，难道中间无阶段性？故也不可取。看来"出路"就在走回头路，回到以前的王朝体系，如秦汉、隋唐、唐宋等等。因材料在唐宋，故可考虑改为《唐宋祆教礼俗辑证》，看起来古色古香，其实含有新意新法。不会受波斯、中亚、印度祆教资料的影响，只把它们当做参照。在此基础上，"能再入"，将课题体系化，即是探索礼俗的结构和变迁。关注重点不要局限于史料的量，要反复琢磨，史中求识，成一家之言。

十一、关于两次"西潮"*

问：您刚才的报告明确提到"二西"，作为地理概念是指西

---

* 本文系 2004 年 10 月 27 日给中外关系史专业的研究生作题为《全祖望〈二西诗〉的历史眼界》的讲演后，回答在座同学提问。

域和西洋，但在诗中，却是文化概念，即前者指藏传佛教，后者是指天主教（西学）。全祖望对佛教由西域传入西藏，天主教由西洋传入中国，采取谴责的态度，这可以从他诗中的"阐化空教种祸根"和"妄将教术酿横流"这两句看出。作为一个文化概念，第一个西是指佛教东传，即从东汉（公元67年）白马负经至洛阳，在洛阳城西建白马寺算起；第二个西则从利玛窦到肇庆那年算起，也就是公元1583年。从第一个西过渡到第二个西前后约1500年。就这两次西潮的比较，可否再作些补充或阐释？

答：佛教东传是慢慢铺开的，西学东传则是来势迅猛：第一次西潮在儒道之外加上释，在观念形态中加上一个佛，同时带来了轮回观念，即今生来世观念，还有西方乐土的观念等等；对中国传统的社会观念尤其是家庭关系带来冲击，"出家"的概念对儒家的伦理产生很大影响。第一次"西潮"被"中国化"所缓和。六祖慧能不能诵经但有悟性，强调佛在心中，极大的拉近了佛和儒的距离，佛越来越中国化。但第二次"西潮"则不同，基督教与佛教不一样，其传教策略是合儒，不与儒学冲突。冲破此底线则有"礼仪之争"（不能拜孔，祭祖，不合儒）。中国未能化天主教，天主教也未能化中国。

今天的中国应该如何面对西方文化的挑战，仍是一个"活着"的问题。里面是很微妙的。中国文化讲究"内秀"，从本质上肯定。嘲笑别人则有"金玉其外，败絮其中"。现今流行"作秀"，将精力、财力大量投入包装上，以致出现如商业部出面干涉月饼包装，制止吃"盒子"的事情。我们提倡中华优秀文化中的"秀"，注意内容与形式的一致，内容决定形式，而非相反，非通过包装来代替内在的实力。

面对西方的挑战，我看应一"通"一"化"，先"通"后

"化"，排斥不行，照搬也不行。"通"、"化"，归结为一个字，即是圆。圆是最高的境界，把道理说圆、事情办圆，此境界极难达到。钱锺书的《谈艺录》中的《说圆》和《管锥篇》中的《圆喻之释义》（见《管锥编》第三册）都对此做了精辟的论述。佛教中也把圆作为一种境界，如圆满、圆觉、圆寂；另外，团圆等等，都是追求圆的境界，通、化就是要达到"圆"。此虽为虚，但有助于思考。其间道理是思辨性的，不是知识性的。

问：有人用"高势文化"与"低势文化"的概念来讨论中国化和化中国这方面的问题，您认为是否可行？

答：首先，文化不能简单地用高势或低势来评价。为什么15世纪前中国的科技领先，后来就急转直下？原因是中国实践方面较弱，实的少，玄的多，局限于书斋，未与生产劳动相结合，缺乏实践环节或实验环节。西方16世纪就注重实验、实践，18世纪开始工业革命。有些科技发明尽管在某国早就领先，但与社会生产未发生密切关系，并未产生大的社会影响。

中国的传统思维很保守，容不得离经叛道、异想天开，这约束了中国人在科学领域中的发展。欧洲则有思考和求证的传统。科学是在排除谬误而发展的，中国传统的思想体系有一些不利于科学发展的，中国的教育是一种人为催化，使人老化的教育。中国的师生关系，遵循"为亲者讳，为尊者讳，为贤者讳"，而西方则是"吾爱吾师，吾更爱真理"。

中西文化有一个源头问题，中国文化要从儒道之书里面去找，西方则绕不开圣经、希腊罗马神话、苏格拉底、柏拉图、亚里士多德等。所以，还应从两个传统、两种体系来看待"二西"，看待文化差异。差异不等于落后，发达不等于先进，切不可混为一谈。

不管哪个"西"，要想在中国本土扎根、开花、结果，就要适应中国国情，与中国国情相结合。外来文化与本土文化，客体文化与主体文化的交流，最后都要落实到和本土、主体的结合上面，结合得好则有好的结果，否则便相反。

问：西域文化和西洋文化在传播方式上有何不同，您能否再阐释一下？

答：古代西域文化进入中土，以间接传播为主，而近代西洋文化则以直接传播为主，间接和直接夹杂，既有西洋直接来的，也有从东洋（日本）转运而来的（19 世纪后半期），在亚洲国家中，日本是最早学习西方的，中国有不少人到东洋去学习，像著名的周氏兄弟、郭沫若、李叔同等等。

十二、关于历史学的用途[*]

问：就西学对中国影响的问题，您的报告和刚才回答同学的提问，已讲了很多，我们知道您对陈寅恪先生作过研究，想借这个机会，请您谈谈对陈寅恪先生及其"独立之精神，自由之思想"的看法：

答：陈寅恪先生来中大时已盲，其人格对我有很大影响。他讲课用自己的著作做教材，讲课前一晚，会让师母把有关章节读一遍给他听。他不能动笔写字，著书过程艰难，由他口述，助手记，再读给他听。先生失明多年仍坚持边著书边讲课，到 1958 年后才罢教，那是因为"拔白旗"时，有一张大字报称"陈某某

---

　　[*] 为庆祝建校八十周年，中山大学举办"人文论坛——文明的对话"。2004 年 11 月 9 日，应邀作题为《从西域到西洋：中国文化史上的两次"西潮"》的学术报告，会后回答与会者提问。

误人子弟"伤了他的心,从此他便不再上课,直至 1969 年去世。"独立之精神,自由之思想"是他一贯倡导的治学原则,核心是"脱俗求真"。陈寅恪是一位纯正学人,绝对不争名于朝、争利于市。他所维护的是不带强制性的学术环境,而非与什么对着干,不要把学人非学人化。

问:现在各种学科都强调其现实价值,即其实际作用,有人说历史学没有实际用途,请您谈一下历史学的用途问题。

答:人文科学是一种精神养料,可长智慧,开阔眼界,并非供人解饥解渴的东西。历史最大的用处是知人论世。认识来自过去,未来无从认识;现在是不稳定的,现在只是一条线而已,不断的移动;最稳定、可摸得着的只有过去。任何学说的创立,都是取证于历史。回顾前人经历和社会变迁,心中有数,手中有鉴,才能知人论世。历史教育的效益不可能立竿见影,正如培根所言:"读史使人明智。"历史的非实用性正是其价值所在。

十三、追求卓越[*]

对博士生的培养,我一贯主张:强化思维,培养通识,追求卓越。追求合格则必定不合格,只有追求卓越才有可能优良。

对于文献资料,只看还不够,更重要的是吃深吃透,心知其意。只有通过思维,才可搭起一个理论框架。史学就是"思学"。科学研究是智力竞赛,而非资料竞赛。丰富的资料只是基础。能否卓越,取决于识,所以"卓识"两个字才会连在一起。现在,

---

* 本文系 2004 年 4 月 7 日在博士论文《拂菻宝主:唐代中国与拜占庭文明》结题报告上的点评。

对研究生论文强调"创新",不如说"进展"更合适。正如《圣经》所说:"太阳底下无新事。"所谓的"创新",可能前人不同程度上已提及,只是萌芽未为人注意。言"进展"比言"创新"更实事求是。一部学术史,就是一场接力赛。在你接跑的这一段,速度超过前人又好又快,就算卓越了。一个传统课题到你手里有进展,既推进又扩展,就很了不起了。不要动不动就说"填补了空白",须摸清前人、今人、洋人的底,才好下"补空白"的判断,以免盲目乐观,陷于被动。留有余地才是智者,古希腊的苏格拉底曾说过:"我只知道一件事,就是什么我也不知道。"现在浮躁之风盛行,要喷些"冰水",因温度正常还不等于健康,更不要说头脑发热了。

十四、古人是今人的镜子[*]

在时、地、人的三位一体中,人是一个被制约的主体。正像如来掌心的孙大圣,它可以飞扬,却无从超越。难怪黑格尔在《哲学史导言》中早就断言:"没有人能够真正超出他的时代,正如没有人能够超出他的皮肤。"因此,尘世中人,其生平无非是时代的零件,必须通过历史撰述的整合来起死人而活白骨,历史人物才成其为在历史上生存的人物。在这样的意义上,可以说任何"传"都应当向"史"回归。

岭南历史人物中有士,有商,有将,有相。他们的出身、教养和功业,可说是五花八门的。尽管各自活跃于不同的历史时代,但都属于中华文化系谱繁衍出来的岭南产儿,这批岭南人的

---

[*] 本文系《岭南历史人物研究》序言的节录。

生平，或存古风，或染洋气，或兼而有之，均应合理地视作那个时代历史的一部分。这样，个体的传与总体的史相结合，树木就与森林连成一片，更加有"味"可寻了。正如刘熙载在《艺概》中所说："传中叙事，或叙其有致此之由而果若此，或叙其无致此之由而竟若此，大要合其人之志行与时位，而称量而出之。"所谓"称量"就是分寸感。凡所评议，力求做到"合其人之志行与时位"，避免按今人需要随意地作出加减乘除。

古人是今人的一面镜子。历史人物的评价，为知人论世拓展了认识空间，其作用是无可替代的。没有历史眼光，就不能照射现实的深处。可惜若干年来，"历史无用论"的幽灵时隐时现，给人留下不少困惑。要辨惑是艰难的，我们只能平心静气地说：历史知识确实没有任何实用价值。这种超实用性，正是它的价值所在。如此而已，岂有他哉。

附录 访谈纪要

日期：2009 年 7 月 22 日

地点：中山大学永芳堂会客室

参与访谈者：李嘉荣、龚翠霞、宋哲文、汤晓志、卢植青

蔡：谢谢你们课余来访。这里是会客室，不是课室，没有拘束，随便聊聊。我开个头吧。你们是历史系三年级本科生，读了三年以后，对历史的认识，觉得跟入大学以前有些什么变化没有？不是说知识，而是讲认识。一年多听几门课，知识是日日在增长的。读了三年，对历史的认识是不是有什么变化，认识到它有用或者越来越觉得它没用，这个都可以，没有问题的。你们都讲讲。不要讲在学的同学，就是工作了很久的叫做"吃历史饭"的人都会被问到历史学的功能问题。因为各个学科很清楚，你学法律有什么用，治国就要用，经济有什么用那更加不用讲。我们学这个学科的，在这一点上要有一个比较明确的认识，给人一问就可以讲给你听。所以，我刚才开门见山就把两者区别开，多听一些课多一些知识，多读一些书多一些知识，我们要讲认识，跟三年前比较有一些什么区别。随便讲一讲，我们再交谈。

李嘉荣：在您的著作中很强调历史要知人论世，实践起来觉得很难，具体应该怎么落实？

答：以前很多种说法，一种就是很大很空的，学历史就是要了解、掌握社会发展规律。社会发展规律看不见、摸不着，所以这个答案也好像不是很能让人信服。另外一个就是说学历史可以汲取经验教训，这个是常常讲，也许现在还这么说。谁都知道历史不可重复，历史是一次性的，所以历史是不可能复制的、不可能克隆的。既然这样，五百年前的那条经验教训，你五百年后都没有机会再撞到它，那还有什么用呢？这个回答也很难令人信服。如果说历史学的功能，高度浓缩的话，就是孟子说的"知人论世"。那么，按主观认识能力来说，无论"知人"还是"论世"，这两件都很难。老百姓都懂，知人知面不知心。遇到笑里藏刀，看得到他笑看不到刀，容易上当受骗。时代风云变幻莫测，在这种情况下，你要对时代有一个清醒的认识，那就更加复杂。历史专业可以说有利于知人论世，过去人类生活就是历史。所以讲历史很重要的一个就是时间的问题。一般时间分三段，过去、现在、未来，中外都这么说，罗马的奥古斯都、佛教和摩尼教都是三段，叫三际。冷静想一想，时间这三段究竟是怎么一回事？像平分一个东西吗？第一段是过去，第二段是现在，第三段是未来，时间这个概念实际状况不是这样。过去是很长的，现在一过就变成过去了，昨天 21 日，今天 22 日，21 日已经成为过去了，我们现在是 22 日，明天是未来，照着明天来说 22 日就是过去了。然后这个未来也是很长，你知道这个未来终点在哪里？过去的起点你也不知道，谁也不知道过去的起点从哪里开始的。现在实际是衔接过去和未来的一条线，是变动的、短促的。现在立刻就变成过去。未来就是还没有来。现在不断地动，未来还没来，那哪一块稳定？就是历史。过去不会变，所以才好研究。任何学说要论证，都是从历史取证。无论什么论说、假想、构思要来论证，全部找历史。人口规律是怎么算出来，是根据过去的人口状况。地球村这个概念照我刚才的说法，也是个过去的概念，地球村已经存在了，不是未来。空间的距离缩短了，人类在这种情况下的感情变粗了。你们离开父母离开家乡到这里读书，有些到国外读书。过去最快的是航空信或者打国际长途，现在拿个手机起来就可以跟伦敦通话。以前一封航空信十天半个月，有个仔去国外读书，父母发了封航空信，就在等待，老百姓叫牵肠挂肚。感情那条丝拉得很长，现在没有，手机一通话就知道你在哪里、吃了早餐没有。在这种情况下，人的感情变得粗了、变得短了，不再情意绵绵了。所以现在的文学不如 19 世纪，道理就在这里。19 世纪的文学是一个高峰，现在那些文学作品出得也快，没写到心灵，纸长情短，感动不了人。一个学说是在未来检验，不是未来论证这个学说。未来你摸不着，现在你拿不稳，那去哪里找，就找历史。"知人论世"的本钱，就在这里。

这就是回应第一个问题，给你们参考。诸位把学习中的问题讲讲，那样就不会是我在输出，你们觉得无聊嘛！

龚翠霞：我高中不是读历史，那时 3＋X，我选政治。那时觉得历史要背诵，要记时、地、人、事，很难。大学学了历史以后，我发现书本上很多事情都是事实，但未必是真相。真相要求我们剥开表层，分析事实才能得到。历史未必就是真相。这就是我的一点认识。

答："让事实说话！"不是有这么一句话吗？那就是你刚刚提出来的问题。事实会说话是因为组合起来。组合的事实才会说话，孤立的事实只是哑巴，你要去从中建立历史联系，接通线路才会响。就说鸦片事件，是道光二十年才爆发的嘛，鸦片不是在清朝道光年间才输入，起码明代人们就吸鸦片。鸦片这种东西麻醉性很强，是一种药品，既然是一种外国药，那就很珍贵啦，像现在的进口药一样，很贵，可以作为贡品朝贡。明代东南亚一些国家进贡清单，叫做贡表，里面写明送给皇帝二百斤鸦片，送给皇后一百斤，那是贡品，是药品。弄到清代，越输入越多。所有麻醉品都会上瘾，鸦片是要有控制地使用的，你当做饭吃就没命了。它和中国人、中国社会发生关系很久了，由药品到贡品到毒品。这一串事实组合起来，就成为一个历史过程，会说话了。

这算是第二个问题，供你们参考。慢慢讲，是聊天不是讲课。

龚翠霞：老师说小时候被父亲逼着念古文、临颜真卿帖，使您在治史的时候对唐代有亲切感。我想问，您童年生活是怎样的，对您以后治学有无启发？

答：谈到这里我要先说一个事情，这里涉及回忆录和自传的问题。因为你们学习或研究也会使用这方面的资料，看人家的自传，看人家的回忆录。这种东西是多年后回想，从中年到老年，走了大半辈子走了什么路来。德国一位大诗人、大学者歌德写了自传，名字叫做《诗与真》。歌德把自传看做"诗"和"真"的结合，就是一个人回想几十年前的事情，用三五十年后的经历来认识它，难免对事实赋予诗意。这里就涉及你刚刚说的问题，小时候家长让你做那些事情，实际是很苦的，小孩子喜欢玩嘛！你放学以后，就叫你临那个帖，背一背韩愈的文章，那时候觉得很苦的。后来升入大学，来到这里以后，听一些老师的课，嗯！偶尔触及早年读过的古文旧诗，发现对这些东西是有亲切感的。如果你发神经说，我这个种子是小时候播的，三五十年后我来探讨这个问题是有宿缘的，那不是活见鬼么！所以说我们在使用这些资料的时候要注意。回忆录并非实录，只是回忆的记录。那么比较可靠的东西是什么呢？倒是最不想让人看的东西最可靠，就是原始资料，很原始。日记一般来讲不准备出版的，也不让印给人看。有些年轻人写的日记，爸爸妈妈去翻，他会非常恼火，因为他日记不准备给人家看的。其次是信件，因为它对象有限，给朋友、给爱人的、给爸爸妈妈的，这样写起来也比较爽快，比较真。写在日记里面是原始记录，而且不准备给别人看的，我们现在说"原生态"，可靠的程度比较高。越准备给别人看的，越装模作样，越要修饰，要包装，要罩上一层外衣。

宋哲文：顺着这个问题，我们研究历史的时候，某一问题包含的史料很多，我们怎样在有限的时间内去整理出线索，有无必要对文献进行通读，这个通读又要到什么程度，注意什么问题？请教一下。

答：这个涉及发现问题、解决问题。我们经常会面临大量问题，但是好多问题并不是个人发现的，是别人发现以后作为问题提到你面前。听老师讲课提出的问题，或者你看一本书里的问题。这些问题是别人的问题，可不是你的问题。是不是？我从你那里拿过来，叫移植，不是自己头脑长出来的。现在的教育不是要培养问题意识，而是把问题提出来，培养你分析、解决问题的能力。那你们就一辈子等着别人发现问题，端到你面前给你分析解决。这里实际上是割裂了认识过程，不知道认识的起点是发现问题。中国留学生到国外去，洋教授说你很勤奋、很努力，但是问题意识比较薄弱，这一点不行。原创，要你自己发现问题。你提不出问题，就谈不上创新。如果中国学生要跟人家接轨，或者走在前沿，那就是要大大强化问题意识。没有是不行的，你就永远处在命题作文中，假如没有人命题你什么也做不出。是不是？发现问题的能力是一种很难的能力。因为问题要筛选，不是有疑问就成其为问题。但也不是个个问题都要寻根究底，假如个个都要寻根究底，那你一天二十四小时不是没得休息？不是这样的。碰到大量问题，要去筛选。筛选，就研究工作来讲，就是要从中选出一个问题，适合此时、此地、此人探讨。有些问题很有意义，但是现在受到限制做不了，例如有个问题要看德文资料，可我不懂，不能去研究。这样的一些问题可以保留，但不能启动。等到将来有条件了，这个问题是你发现的，终归还在你手头。在没有问题的情况下，就积极去发现问题。到了发现若干问题以后，要对问题进行筛选，确定哪一个现在做最合适。不然事倍功半，甚至更严重的是劳而无功。功半还有五十分，劳而无功是零嘛。

我在这里像答辩一样啊！你们提出来，我来回答。行吧，你们要喝水就喝点水，我不用，我在家里喝够了。

龚翠霞：老师刚刚提到德语，我想问关于俄语的问题。我知道您懂俄语，那个年代都要学习。您觉得现在学习俄语有什么前景，就是将俄语作为研究工具，在哪些领域还是比较有发展空间的？

答：这是一个时代的产物，五十年代，共和国成立不久，苏联老大哥嘛，全国高等院校不论文理，一刀切，废止学英语，全部学俄语。目的是能够学习苏联的先进科学文化。在世界范围内，还是西欧的东西影响最大，英国是第一位。随着大英帝国的成长，英语就逐渐成为世界语言，俄语就不行，只是在东欧。后来是在中国这片土地上掀起一阵俄语热，文理科个个专业都学。只要能读它的书就行，读它的书能译成中文，就是这样。这是"哑巴俄语"，因为语言是要说的，口语能力不行，阅读还是可以的，所以只是半桶的，学来看的，不是学来讲的、听的。等到我们毕业的时候，中苏的蜜月时代就结束了，中苏的争论也就起来了，既然吵架，我还学你语言干吗呢？所以到了这里，在高等学校就没那么强调，原来的语种又重新恢复，但是恢复以后限制很大，防范得很厉害。学语言要听广播，占领空间最大的是美国之音，听美国之音被发现是现行反革命，那不是好玩的。所以在当时学外语很难。革命前俄国的发展水平很高，那个元素周期表就是他们发明的，另外是后来的航天技术，最早上天的是他们。文化方面，俄国十九世纪的古典文学是响当当的，是世界一流，托尔斯泰啊屠格涅夫啊。俄国有一种工艺品，叫做套娃，都知道吧？我有一个套娃，是文学家，最外层普希金，第二层托尔斯泰。那个时代的文学作品是成批地出来。从研究文学来看，学习俄语可以阅读俄罗斯古典文学。从研究历史来看，俄国人研究中国起步很早，蒙古的、西藏的，他们都有大量的研究。还有加盟苏联的五个共和国，现在独立了，土库曼、塔吉克、乌兹别克、哈萨克斯、吉尔吉斯这五个中亚共和国，那里的考古发现很丰富。历史上印度、波斯传入中国的很多东西都是经过中亚。所以那里的考古发现可以让我们了解这个中间环节。如果掌握俄语，了解中亚文明，进而了解波斯文明是很好的。美国的、法国的研究人员也要看俄文发表的这些东西，因为是他们搞出来的。

行啦，你们随便谈。两门通史都修完了，那你们学完以后有什么认识？就是两条线，一中一西。平时这一洋一中，学了以后怎样？

宋哲文：好像有些对不起来，有点脱轨的感觉。

龚翠霞：就像两条平行线，没办法很好把中西融会起来。就算是世界史或国史内部，在时间上，每个老师也不是很能接上，【宋哲文：对】。就像两条线，里面也断断续续。

答：嗯，对对对。我们常常讲历史不可割断，但我们却常割断，而且习以为常，见怪不怪。中国历史上有些时期，唐宋大讲特讲，夹在中间的五代，本来是过渡时期，很重要的，却三言两语就跳过去了。清朝的十个皇帝，顺康雍乾嘉，五个在前，五个在后：道咸同光宣。鸦片的大量输入不是在道光才如此，实际在嘉庆就很厉害了。历史过程是不能切断的。世界史那里就更加如此，有些近代开端是 17 世纪中，中国近代是 19 世纪中。中国历史是世界历史的一部分，需要一个总体的认识。总体观念一定要有，做个专题，才能恰如其分地定位。你们在中学也有美术课，画素描，哪怕很粗地勾勒出来，轮廓要把握住，然后细部才一步一步加工。假如你在轮廓里不知道五官怎么摆，等一下细部画得很仔细，耳朵精雕细刻，也是于事无补的。古代史常常讲汉唐和唐宋，你冷静一想，汉唐有多长？唐在十世纪初结束，从公元初到十世纪初，汉唐时期就上千年。你们想一想，千年里面包含着多少东西。第二个是唐宋，从七世纪到十三世纪，有政治沿革，有社会变迁，事情多得很呢。有个概念也是现在讲烂了，叫"海上丝绸之路"。这条路从广州算起，经过西沙群岛，马六甲海峡，进印度洋，到波斯湾和东非。中国人没有绕过好望角，只到东非海岸。这么一条海路是做生意的，互通有无。为什么要做生意，就是因为有商业利益，冒着很大的风险来赚钱。这是他们活动的动机，至于文化交流，则是附带的，不自觉的。譬如说，有一个和尚，在印度要来中国，隔着一个印度洋那么远，只能搭商船，来到中国传播佛教，那不就叫文化交流了吗？这个是它们附带产生的结果。不要倒过来说，这是一条文化交流之路。现在这个问题讲得很多，变成常识，一变成常识就懒得去想，就不再思考。中国输出的东西有丝、瓷，后来的茶，外国输入很重要的就是香料，还有木材。你为什么不叫陶瓷之路、香料之路、茶叶之路？为什么叫丝绸之路？我有一次跟人家开玩笑，让我投票，按照最好听的，当然投丝绸之路。其实，在古代丝绸是中国特产，独一无二，全世界只有我这里有，不会轻易放手。所以中国最早是禁运，海陆两路禁运。陆路是边关令，明文规定，丝绸不能出去。海上，市舶令，也不能外销。那为什么在海外还发现一些丝绸的残片？因为当时还有两件事情和禁运同时存在。一个是朝贡，客人送东西来，回赠他们最体面的东西，就是丝绸。另外就是走私。走私和回赠礼物，使得在禁运条件下，中国丝绸流向外国。当然，禁运也不是一禁到底，也有放松，叫做配额。到了十九世纪初还是配额，不能改。签订不平等条约以后，才是自由贸易。单是丝绸的问题，就经历了禁运、配额到大量出口。所以要注意一件事情在历史上的发展变化，而不是就事论事。一件事情出现在中期，形成过程可能跟早期有关系；而这件事形成以后对后来造成什么影响。这种思维就是历史的。历史思维养成了以后有什么好处呢？一定有好处。将来你到机关也好，企业也好，对事情的判断有好处。人文科学不是实用的，不是立竿见影的。你们都知道什么叫四库，经史子集，史列老二。到了章学诚，说它是老大，"六经皆史"，什么经都是史，都包括在内。历史知识是人文科学的基础，对优化人的素质有很大关系。我常常讲，解饥解渴跟增强体质，功能不一样。比方说，我只要番薯不要人参，暂时也行；但是又不能自高自大，说我既然有人参在手，还要番薯干吗？那你立刻晚上睡不好觉。

想事情，想问题不能够绝对。讲得简洁一点：绝对就是不对。真理也没有绝对。我常常对青年教师和研究生说，搞历史尤其要注意良心。本来样样要注意良心，搞历史为什么更要注意良心？因为古人已经作古，受到冤屈，不会跳出来跟你辩论的，也不会有后代来维护祖宗的荣誉。搞历史很容易犯主观毛病，不要满足于能够自圆其说。自圆其说是逻辑问题，我们要考虑这种说法客观不客观，公正不公正。这个就涉及良心。苛求古人要怎样怎样，没有考虑当时的环境。现在的事情是现代进步的结果，把历史现代化，那你就错了。历史研究要有当代意识，不是为历史而历史，两者不可混为一谈。西学东渐、耶稣会士，带着欧洲的近代文明来到中国。过去名声很臭的嘛，单纯拿去批，现在拿来颂，都绝对化了。利玛窦那么辛苦来，特意拿幅世界地图给你看，让你知道世界是怎么样。他跟你是老友？没有什么交情，他这样做有他的需要。什么文化使者，他是奉罗马教皇的命令，来扩大天主教思想阵地的。西学是跟传教联系在一起的。早期耶稣会士带来金鸡纳，治疟疾的特效药，康熙帝觉得疗效很高，赐给大臣。后来又传入牛痘。以前批到没有余地，批倒批臭，完全颠倒是非。现在回过头来颂，颂也要留有余地。利玛窦也好，其他耶稣会士也好，带着宗教使命，也带来新文化，他们入华所起的作用，是充当了历史的不自觉的工具。

李嘉荣：谈到教学，我们知道老师以前是教世界中古史的，上课常常带着卡片。那是什么用途？

答：过去抓紧政治方向，对教学方法没有强求。你带讲稿去，不带讲稿带笔记本或者几张卡片也行，卡片就是提纲，是分散的讲稿。

汤晓志：老师那些卡片现在还有吗？

答：弃多存少，一些片卡也是做科研的。通史很难讲，教师要把握纵向和横向的历史面貌，要有通识，才能画龙点睛。老清华、老北大开设通史课程，要很资深的人去讲，因为他才能把握住，不会走样。所谓"走样"，就是过头与不足，或者现在说没有到位。

宋哲文：老师们都有自己的研究领域，所以在讲授通史的过程中，涉及该领域的就会深入具体一点，其他则有点薄弱，这样对我们的理解有些不利的影响。怎么看待这个问题？

答：教学要按照课程性质来讲，不能按照教师的专长来讲。教师是在教学，不是自己在著书写文章。通史的覆盖面很大，你如果遇到自己的研究领域，会在那里花多点时间来发挥，一发挥就走样。碰到自己的专长，也要有计划，按比例来讲。通史里面的东西，有些是我们讲惯了，如五口通商，《南京条约》以后一口变五口，这只是海路通商，你如果模模糊糊说中华帝国只有五个口在通商，那你就错了，另外还有陆路三个口，海陆两路加起来就八口通商。通商口岸会出一些为通商口岸服务的人，其中有一种，开始地位很低，后来地位很高，叫做买办。洋人来广州，船停在长洲岛，然后货物用艇运到文化公园这一带，进仓库。大船需要一些日常用品，他们不会自己买，那就有人帮忙买。广州通商早，珠海校区附近那个唐家湾，就是买办的故乡。后来上海起来了，一批广州买办就转到上海去，早期上海买办多是广州人。这就是牵动，不止是货物的问题，也有人流在那里动。反面的，现在不太提，那就是大量的鸦片贩子是广东人。所以林则徐到广东禁烟，贴的告示就说岭南文化出了很多名人，但是内地人一来告状就说鸦片贩子是广东人。

学问，学学问问。现在说浮躁，有一个问题很大，那就是留给学生的自学时间很少，塞得满满的。我们那个年代自学的时间多。本来越是高层次的教育，自学的时间应该越多，学习的主动权越来越转到教育对象手上。初等教育的小孩不懂事，不排满怕他乱搞，你慢慢学慢慢懂，到了大学、研究生、博士生，越来越有主动权，越来越有自学的空间。硬塞硬填把人不当人，必然走向反面。久而久之变成厌学症，看到书就讨厌。这算什么教书育人！

人才的培养是个很大的问题，主要靠引导。所谓外因通过内因起作用，尽管家长望子成龙，教师望铁成钢，没有通过学生那里不会取得好结果。从教育家族化到教育社会化是一大进步。现在，把学校的工作下放给家长，学校挂个牌"家长学校"，莫名其妙变成天经地义了。立个名字也要有点文化，应叫"家长联谊会"。我们家长的子女同校同班，碰个头交流一下经验，叫做联谊会。你怎么有本事教两代人呢？既办一个学生学校，还要办一个家长学校，荒唐嘛。家长不用来你这里上学，是配合，家庭教育、学校教育跟社会教育怎么配合的问题，不是我到学校里来接受你的再教育。

龚翠霞：老师吃历史饭大半辈子，这条路走下来有些什么困难？面对困难，是一直很坚定还是有些犹豫？

答：一般来说，入了行，成了这一行的人，要有行业荣誉感或专业荣誉感。我亲手培养的研究生，来自东西南北，来广州是赤手空拳，之后成家立业，发展顺利的人，有房子，有进口车，不用两条腿走路，各人从事的职业不同，在学校，一个助教挑战一个老教授很正常啊！另外，可支配时间多，跟人家钉死在那里上班是不一样的。人家忙得要死，该他赚多几个钱，我很轻松，少赚点钱是应该的嘛。所以有些东西不能够去攀比。各人从事工作不一样，我只要想出来就可以讲，你在机关企业可没有这个自由度。我常常跟青年教师讲，生活有层次，第一是不愁衣食，第二是丰衣足食。到达第一个层次就要奋起工作。第二个层次是个无底洞。丰衣和足食是个无底洞。不好说第一步到了，我现在要盼那第二步。一个人，要自觉，自量，自尊，才能走出治学与治生的困惑。年轻学者将来在学术界有个安身立命的问题，不要为对付考核而满足于及格。及格离优秀还差四十分。精神产品跟物质产品不一样，物质产品达到六十分就出，是成品。但是精神产品不一样的，你要优秀，还差四十分。做学问要"从容"，从容最重要的一步是冷处理，写出来个初稿，搁在那里，不能立刻改的。今天完成，明天就改，改不出水平，也许半个月一个月之后拿出来，有可改可修的地方，能够这样做就比较从容。在电脑上打出来，立刻联系什么地方发表，在这种情况下他必定不能从容。急不是很好。有一次我坐公共汽车，在发车的地方看到拉一条红布条，对我很有启发："十次事故九次快。"这是提醒司机注意，开车的时候，十次事故九次快。这就启发我们搞精神产品要立足于从容，不要急急忙忙。白纸黑字，印出来就没得反悔。

我们要自律，自己约束自己。不要头脑发热，一发热就讲疯话。我认为最佳状态是脑冷心热，教育和教养不是一回事，教育培养人才，教养培养人格。人格是教养出来的。有些人是有教育没教养，你们看有没有这样的人？你们去搜索一下接触过的人，可以学问很高，但待人接物不行。没有读书的人，可以有很好的教养，乡下人文化不高，但知礼仪，识廉耻，那是世代传承的。

中国传统跟西方不一样。西方人不开心，当做被上帝抛弃，连上帝都不要我了，我还有什么好活？中国传统文化，反对自暴自弃，孟子说"天将降大任于斯人也"，是要造就你，让你经历各种苦难，大难不死，必有后福。正是这条精神支柱在，他不会去自杀，还特别经得起熬，希望在明天，怎么会自寻短见，自行报销呢。

我刚才从做学问讲到做人的时候，区分了教育和教养，人才和人格。人格的培养是非常要紧的，这是一辈子的事情。没有人敢讲，我够格了。教育是个阶段性东西，你二十来岁把大学的东西读完了，至于人格的养成和提升那还很长。我说的这些也不全是经验之谈，只是"虽不能至，心向往之"，可以共勉。谢谢你们啊！后会有期！

后　记

　　静坐寒斋，神驰天外。对历史的空间，我虽有探索的愿望，但限于学力和天分，终究未能深入阐发"在史中求史识"的师教，愧对前辈，徒叹奈何。感谢广东人民出版社不弃，使这本类似寸心草的小书，得以在陈寅恪先生诞生120周年之际出版。责任编辑柏峰女士，为完善本书的结构和面貌，周详策划，劳神费力。谨记于此，以志心感。

蔡鸿生

2010.6.12